K. A. Romaric SAGBO
Cyrille ANATO

Etude de faisabilité pour l'installation d'une Station VSAT

K. A. Romaric SAGBO
Cyrille ANATO

Etude de faisabilité pour l'installation d'une Station VSAT

Etude de faisabilité pour l'installation d'une Station VSAT: Cas de l'IMSP au Bénin

Éditions universitaires européennes

Mentions légales/ Imprint (applicable pour l'Allemagne seulement/ only for Germany)

Information bibliographique publiée par la Deutsche Nationalbibliothek: La Deutsche Nationalbibliothek inscrit cette publication à la Deutsche Nationalbibliografie; des données bibliographiques détaillées sont disponibles sur internet à l'adresse http://dnb.d-nb.de.
 Toutes marques et noms de produits mentionnés dans ce livre demeurent sous la protection des marques, des marques déposées et des brevets, et sont des marques ou des marques déposées de leurs détenteurs respectifs. L'utilisation des marques, noms de produits, noms communs, noms commerciaux, descriptions de produits, etc, même sans qu'ils soient mentionnés de façon particulière dans ce livre ne signifie en aucune façon que ces noms peuvent être utilisés sans restriction à l'égard de la législation pour la protection des marques et des marques déposées et pourraient donc être utilisés par quiconque.

Photo de la couverture: www.ingimage.com

Editeur: Éditions universitaires européennes est une marque déposée de
Südwestdeutscher Verlag für Hochschulschriften GmbH & Co. KG
Dudweiler Landstr. 99, 66123 Sarrebruck, Allemagne
Téléphone +49 681 37 20 271-1, Fax +49 681 37 20 271-0
Email: info@editions-ue.com

Produit en Allemagne:
Schaltungsdienst Lange o.H.G., Berlin
Books on Demand GmbH, Norderstedt
Reha GmbH, Saarbrücken
Amazon Distribution GmbH, Leipzig
ISBN: 978-613-1-55748-4

Imprint (only for USA, GB)

Bibliographic information published by the Deutsche Nationalbibliothek: The Deutsche Nationalbibliothek lists this publication in the Deutsche Nationalbibliografie; detailed bibliographic data are available in the Internet at http://dnb.d-nb.de.
 Any brand names and product names mentioned in this book are subject to trademark, brand or patent protection and are trademarks or registered trademarks of their respective holders. The use of brand names, product names, common names, trade names, product descriptions etc. even without a particular marking in this works is in no way to be construed to mean that such names may be regarded as unrestricted in respect of trademark and brand protection legislation and could thus be used by anyone.

Cover image: www.ingimage.com

Publisher: Éditions universitaires européennes is an imprint of the publishing house
Südwestdeutscher Verlag für Hochschulschriften GmbH & Co. KG
Dudweiler Landstr. 99, 66123 Saarbrücken, Germany
Phone +49 681 37 20 271-1, Fax +49 681 37 20 271-0
Email: info@editions-ue.com

Printed in the U.S.A.
Printed in the U.K. by (see last page)
ISBN: 978-613-1-55748-4

Université d'Abomey-Calavi, Bénin

The Abdus Salam International Centre for Theoretical Physics (Italy)

Institut de Mathématiques et de Sciences Physiques

MEMOIRE DE FIN DE FORMATION

Présenté pour l'obtention du Diplôme d'Ingénieur

<u>Option</u> : Réseaux et Télécommunications

Par

Cyrille Mimimwanon ANATO[1]

Romaric Arafat Kouessi SAGBO[2]

Thème :

Etude de faisabilité pour l'installation d'une Station VSAT pour le site de l'IMSP à Dangbo

<u>Lieu de Stage</u> : Unité de Recherche en Informatique et Sciences Appliquées

(URISA) de l'IMSP

<u>Jury</u> :

<u>Président</u> : Dr. Semiou ADEDJOUMA **(EPAC, Université d'Abomey-Calavi)**

<u>Membre</u> : Mr. Emmanuel ZOSSOU **(BENIN TELECOMS)**

<u>Membre</u> : Dr. Joël HOUNSOU **(IMSP, Université d'Abomey-Calavi)**

<u>Superviseurs</u> :

Dr. Fabien HOUETO (Schlumberger, France)

Dr. Joël HOUNSOU (IMSP, Université d'Abomey-Calavi, Bénin)

1ère Promotion

Juin 2007

[1] Email : anato_2@yahoo.fr /cyrille.anato@imsp-uac.org
[2] Email : rask9@yahoo.fr / romaric.sagbo@imsp-uac.org

A

Ma mère, toi qui a toujours cru en moi et qui n'a jamais ménagé aucun effort pour me soutenir, sois rassurée que j'irai jusqu'au bout.

Mon père, toi qui n'a ménagé aussi aucun effort pour me voir réussir, reçois ce travail comme le fruit de tes rêves inavoués.

Vous mes frères, prenez ce travail comme un exemple à suivre.

Elyse, toi qui a toujours été à mes côtés, reçois ce travail comme le couronnement de notre lutte commune.

Je dédie ce mémoire

Romaric Arafat Kouessi SAGBO

REMERCIEMENTS

Sincères remerciements et profonde gratitude à :

- L'Eternel notre Dieu pour la Vie en Jésus - Christ, lui sans qui ce travail ne peut connaître une fin. Que ton nom soit magnifié pour les siècles des siècles.

- Prof. Jean-Pierre EZIN, notre Directeur : pour tout ce qu'il fait pour les jeunes, lui sans qui cette formation ne serait possible.

- Dr. Fabien HOUETO, notre superviseur externe : pour toute l'orientation qu'il nous a accordée à travers son savoir-faire et son savoir être et qui malgré ses multiples occupations a accepté de diriger ce travail.

- Dr. Joël Toyigbé HOUNSOU, notre superviseur interne : pour l'attention soutenue et la franche et loyale contribution qu'il nous a témoignées en acceptant de nous suivre tout au long de ce travail. Nous le remercions aussi pour son dévouement dans la gestion de la formation des ingénieurs.

Nos remerciements vont également à l'endroit de :

- M. Roch GLITHO : pour sa permanente disponibilité et les conseils constructifs qu'il nous a toujours prodigués.
- Tous les professeurs missionnaires : pour leur disponibilité à nous enseigner, la qualité de leur enseignement, vous sans qui notre formation n'aurait pas eu cette réussite.
- Tous les Professeurs de l'IMSP.
- Tous nos collègues de promotion : pour l'esprit de compréhension, de solidarité et de collaboration qui a toujours règné entre nous.
- Tous les responsables de l'Unité de Recherche en Informatique et Sciences Appliquées (URISA).
- Tous ceux qui nous ont soutenus de près ou de loin, que ce mémoire soit le couronnement de vos efforts et l'aboutissement de vos prières et vœux secrets.
- Tous nos parents, pour leur attachement et leur soutien.

Puisse l'Eternel notre Dieu vous le rendre au centuple.

Table des matières

Table des figures

Liste des tableaux

Liste des sigles et abréviations

Sigles & abréviations	Signification
AAL	ATM Adaptation Layer
ADSL	Asymmetric Digital Subscriber Line
ATM	Asynchronous Transfer Mode
BCEAO	Banque Centrale des Etats de l'Afrique de l'Ouest
BER	Bite Error Rate
BUC	Block Up Converter
CAMR	Conférence Administrative Mondiale des Radiocommunications
CCIR	Comité Consultatif International des Radiocommunications
CCITT	Comité Consultatif International Télégraphique et Téléphonique
CD	Compact Disk
CDMA	Code Division Modulation Access
DAMA	Demand Assignment Multiple Access
DBS	Direct Broadcasting Satellite
DL	Downlink
DHCP	Dynamic Host Configuration Protocol
DLCI	Data Link Control Identifier
DMZ	DeMilitarized Zone
DNS	Domain Name System
DSL	Digital Subscriber Line
DVB-RCS	Digital Video Broadcasting - Return Channel via Satellite
FDMA	Frequency Division Multiple Access

FEC	Forward Error Correction
FH	Faisceaux Hertziens
FM	Frequency Modulation
FTP	File Transfert Protocol
Gbps	Gigabit par seconde
GEO	Geostationary Earth Orbit
GHz	Giga Hertz
GPS	Global Positioning System (Système de géo localisation par satellite.)
GSM	Global System for Mobile
GT & T	Global Telephone and Telecommunication
HDLC	High-level Data Link Control
HTTP	HyperText Transfer Protocol
IAX	Inter Asterisk eXchange
IDU	InDoor Unit
IEEE	Institute of Electrical and Electronics Engineers
IFRB	International Frequency Registration Board
IPMC	Intercom Programming Manufacturing Company
IPv4	Internet Protocol v4
IMSP	Institut de Mathématiques et de Sciences Physiques
INTELSAT	International Telecommunications Satellite
IP	Internet Protocol
ISBN	International Standard Book Number
ISP	Internet Service Provider
ITSO	International Telecommunications Satellites Organization
ITU-D	Union Internationale des Télécommunications - Section de développement
ITU-R	Union Internationale des Télécommunications - Section de standardisation des Radiocommunications
ITU-T	Union Internationale des Télécommunications

	- Section de standardisation des Télécommunications
Ka	K above
Kbps	Kilobit par seconde
Ku	K under
LAN	Local Area Network
LAP-B	Link Access Protocol-Balanced
LAP-D	Link Access Protocol D-channel
LEO	Low Earth Orbit
LNB	Low Noise Block
Mbps	Megabit par seconde
MEO	Medium Earth Orbit
MHz	Méga Hertz
MODEM	Modulateur Démodulateur
ODU	OutDoor Unit
OSI	Open Systems Interconnection
PABX	Public Automatic Branch eXchange
PBX	Public Branch eXchange
PC	Personal Computer
PDH	Plesiochronous Digital Hierarchy
PES	Personal Earth Station
PM	Phase Modulation
POP3	Post Office Protocol Version 3
PSTN	Public Switched Telephone Network
QPSK	Quadrature Phase Shift Keying
RNIS	Réseau Numérique à Intégration de Services
RTT	Round-Trip Time
SFS	Service Fixe par Satellite
SIP	Session Initiation Protocol
SMS	Service Mobile par Satellite

SMTP	Simple Mail Transfer Protocol
SRS	Service de Radiodiffusion par Satellite
TA	Terminal Adapter
TCP	Transmission Control Protocol
TCP/IP	Transmission Control Protocol / Internet Protocol
TDMA	Time Division Multiple Access
TV	Télévision
UAC	Université d'Abomey-Calavi
UAT	Union Africaines des Télécommunications
UDP	User Datagram Protocol
UIT/ITU	Union Internationale des Télécommunications
UL	Uplink
URISA	Unité de Recherche en Informatique et Sciences Appliquées
URSS	Union des Républiques Socialistes Soviétiques
USAT	Ultra Small Aperture Terminal
VOIP	Voice Over IP
VPN	Virtual Private Network
VSAT	Very Small Aperture Terminal
WIFI	Wireless Fidelity
WWW	World Wide Web

Résumé

La présence de satellite dans les futurs réseaux large bande est incontournable. L'accès à Internet semble être assuré où que nous soyons dans le monde. Ces systèmes permettent une équité territoriale parfaite par une couverture globale de la planète, fonctionnant sur le principe de transmissions immatérielles.

Internet de son côté n'est plus qu'une technique parmi d'autres mais devient le point de convergence des autres technologies d'information et de communication telles que : la télévision, le téléphone, la visioconférence qui s'ajoutent aux applications traditionnelles d'Internet que sont principalement la messagerie électronique, le transfert de données, le world wide web.

Les problèmes d'infrastructures sont aujourd'hui un frein au développement d'Internet en Afrique. Les systèmes satellitaires sont donc présentés comme la solution la plus réaliste et la plus efficace, puisqu'ils minimisent les investissements en termes d'infrastructure.

Ce mémoire a pour but l'étude de faisabilité de l'installation d'un système de communication par VSAT qui peut être adaptée à offrir des services multimédia (voix, vidéo) pour l'IMSP sur son nouveau site à Dangbo.

Abstract

Nowadays, access to the Internet seems to be ubiquituous. The presence of satellite in the future broad band networks is therefore no longer an option. Satellite systems allow a perfect territorial equity by providing a global coverage of the world.

On its side, Internet is not any more yet another technique but is becoming the point of convergence of other information and communication technologies such as : the television, the telephone, the videoconference which are being added to the traditional Internet applications that are mainly the email, the transfer of data, the World Wide Web.

Infrastructure problems are today a barrier to the development of Internet in Africa. The satellite systems are thus presented as the most realistic and effective solution, since they minimize the investments in terms of infrastructure.

The purpose of this memory is a feasibility study of the installation of a communication system by VSAT which can be adapted to offer the multi-media services (voice, video) for the IMSP on its new site in Dangbo.

Chapitre 1

Introduction générale

Dans le cadre de son déménagement à Dangbo, l'Institut de Mathématiques et de Sciences Physiques qui est un centre de recherche aimerait avoir un système de télécommunications très efficace, afin de permettre non seulement aux étudiants de mener à bien leur recherche, mais aussi de pouvoir être un centre de référence au Bénin et dans la sous région en ce qui concerne l'interconnexion au monde.

Actuellement, l'Institut utilise une connexion ADSL, qui ne peut être déployée sur le site de Dangbo. En effet, le site de Dangbo est enclavé et l'accès au téléphone donc à une probable connexion ADSL est pratiquement impossible. Une interconnexion par satellite et/ou par faisceaux hertziens s'avère donc nécessaire. L'objectif de ce mémoire est de faire des études permettant de mettre en place un système de télécommunication efficace sur le nouveau site de l'Institut à Dangbo.

L'étude de l'interconnexion par Faisceaux hertziens a déjà été réalisée par le Professeur Belge Marc LOBELLE. Dans ce cadre une connexion Internet (câble Ethernet en provenance du boîtier FH Alvarion) vers Bénin Télécoms SA est connectée à un routeur sur le Campus d'Abomey-Calavi. Ce routeur a une sortie vers chaque site distant de l'Université notamment l'IMSP à Dangbo.

Nous aborderons donc dans notre mémoire, l'étude de faisabilité sur l'installation d'un VSAT comme moyen d'interconnexion sur le site de Dangbo. Cette étude nous permettra de faire des propositions pour une meilleure connexion de l'Institut.

Après une brève présentation des satellites et de la technologie VSAT au niveau du chapitre 2, nous ferons une étude de faisabilité pour la mise en place d'une solution VSAT dans le chapitre 3. Cette étude de faisabilité nous permettra de faire ressortir les exigences de l'Institut. De plus afin de parfaire cette étude, des sorties ont été effectuées dans plusieurs entreprises disposant d'une connexion par satellite de la place afin de recueillir des informations sur l'utilisation qu'elles font du VSAT

1

ainsi que les solutions qu'elle leur apporte. A la fin de l'étude nous proposerons ensuite des plans d'implémentation dans le chapitre 4 en tenant compte des différentes études réalisées. Nous allons conclure le travail par une synthèse des résultats, les recommendations à court et moyen terme et les perspectives.

Chapitre 2

Les satellites et la technologie VSAT

1 Les satellites

1.1 Historique

La connaissance de l'univers a toujours été un sujet d'intérêt pour les scientifiques. En s'inspirant des astres, ils réfléchissaient sur la manière de placer un objet en orbite autour de la terre. Mais ce n'est qu'en 1945 que le concept de satellite naît et c'est le Britannique Arthur C. Clarke qui introduit le premier, le concept de communication par satellite.

Spoutnik-1 est le premier satellite artificiel à avoir été mis en orbite autour de la Terre. Il s'agissait d'une sphère métallique d'aluminium de 58 centimètres de diamètre dotée de quatre antennes et équipée d'un simple émetteur radio. L'intérieur de la sphère contenait de l'azote à une pression légèrement plus élevée que la pression atmosphérique à la surface de la Terre (1,3 atm). Il a été lancé le 4 Octobre 1957 par l'Union Soviétique.

Les premiers satellites étaient passifs puisqu'ils réfléchissaient simplement les signaux émis depuis les stations terrestres. Le principal inconvénient était que les signaux étaient diffusés dans toutes les directions et pouvaient donc être captés par n'importe qui dans le monde. Les antennes utilisées à cette époque étaient trop grandes, mais cela était nécessaire afin de disposer d'une grande puissance d'émission et de réception. En 1960, les Américains emboîtent le pas aux Russes et mettent en orbite leur premier satellite en mode passif : Echo1, à 1600 km d'altitude. Ce satellite a été utilisé pendant longtemps avec succès pour retransmettre les signaux transcontinentaux et intercontinentaux du téléphone, de la radio et de la télévision et aida aussi aux calculs de la densité atmosphérique et de la pression solaire.

Après les satellites passifs, apparurent les satellites actifs. Ils disposaient d'un système d'émission et de réception des signaux. Telstar 1 fut le premier satellite actif, il a été mis en orbite en 1962 par les Américains. Telstar 1 disposait d'un enregistreur à bande qui enregistrait les données lorsqu'il passait au-dessus d'une station émettrice. Les informations enregistrées étaient ensuite diffusées en direction d'une station réceptrice lorsque le satellite se trouvait au-dessus de celle-ci. Il fallut attendre 1965 pour que les satellites actifs commencent par être utilisés à des fins commerciales.

Un an plus tôt, plusieurs Etats se mirent ensemble pour créer la société INTELSAT, ceci dans le but de mieux faire face au coût de cette technologie. Elle permit de gérer plus des deux tiers des communications intercontinentales et divisa par huit le coût de location de la capacité de transmission embarquée sur un satellite.

Dans les années 80, avec la déréglementation du secteur, on assista au « boum des satellites commerciaux » destinés à des applications diverses (téléphonie, télévision, données, etc).

1.2   Les bandes de fréquences

Pour un usage correct de l'atmosphère, l'Union Internationale des Télécommunications (UIT-T) a mis en place une réglementation internationale concernant la répartition des fréquences ; ceci fait partie intégrante du règlement international des radiocommunications. Cette réglementation définit notamment la position orbitale des satellites et les bandes de fréquences (Annexe K) qu'ils doivent utiliser et respecter. Les différents types de services de communications par satellite sont aussi définis dans la réglementation. Nous avons les trois types de service suivant :

– le service fixe par satellite (SFS),

– le service mobile par satellite (SMS), qui comporte un service mobile terrestre et un service mobile maritime,

– le service de radiodiffusion par satellite (SRS).

Il a été aussi défini un découpage géographique du monde en trois grandes régions :

– la région 1 (Europe, Afrique, Moyen-Orient et pays de l'ex-URSS).

– la région 2 (Les Amériques)

– la région 3 (Asie, ex-URSS et Océanie)

La bande C a été la première bande à être utilisée par les satellites commerciaux pour les services fixes par satellite. Ce qui explique le fait que cette bande est très encombrée aujourd'hui. Elle est divisée en deux sous bandes ; la plus basse est destinée pour les flux descendants du satellite vers la terre et la plus haute, pour les flux montants de la terre vers le satellite. Cette bande est surtout utilisée par les opérateurs pour leurs liaisons intercontinentales, elle est très efficace et convient mieux au climat de l'Afrique subsaharienne où les orages sont fréquents.

La deuxième bande est la bande Ku, elle est plus récente et n'est pas encore encombrée. La bande Ku est utilisée pour les services fixes par satellite, mais elle est utilisée de façon exclusive pour les services de radiodiffusion par satellite dans les bandes 12/11 GHz. Cette bande est très sensible aux orages, les signaux de communication sont absorbés par l'eau de pluie. Dans le même temps elle est peu sensible aux parasites urbains et est donc préconisée pour l'utilisation des VSAT.

La bande Ka est surtout utilisée par les terminaux mobiles de type GSM et permet l'utilisation d'antennes encore plus petites, les USAT.

La bande L a été définie pour les satellites en orbite basse. Les bandes de fréquences de la bande L ont été définies par la conférence mondiale (CAMR) de 1992 pour le service mobile par satellite.

La bande X est réservée aux applications militaires.

Le Tableau 2.1 fait un résumé des bandes des fréquences existantes dans la région 1.

TAB. 2.1 – Fréquence des services satellites dans la région 1 regroupant l'Europe, l'Afrique et l'Asie du Nord.

Bande	Sens montée/descente	Largeur de gamme
Services fixes par satellite		
Bande C	6/4 GHz	1100 MHz
Bande X	8/7 GHz	500 MHz
Bande Ku	14/11 GHz	1000 MHz
Bande Ku	14/12 GHz	250 MHz
Bande Ka	30/20 GHz	2500 MHz
Services mobiles par satellites		
Bande L	1,6/1,5 GHz	29 MHz
Service de radiodiffusion par satellite		
Bande K	17/12 GHz	800 MHz

1.3   Zones de couverture

L'orbite d'un satellite de par sa forme et son rayon permet de définir la zone de couverture et la portée du satellite. Plus le satellite est éloigné de la terre, plus sa zone de couverture est grande. Ce critère intervient beaucoup dans le choix et l'élaboration d'une solution satellite, puisqu'il faut que la zone dans laquelle nous sommes situés soit couverte par un satellite. Une même superficie peut être couverte par plusieurs systèmes de satellites, mais il possède chacun leurs propres caractéristiques et leur domaine d'application.

2   La technologie VSAT

2.1   Historique du VSAT

Parmi les évolutions récentes dans le monde des satellites de télécommunications, on compte les micro stations terrestres à faible coût, appelées VSAT (Very Small Aperture Terminal).

Le système VSAT est un système basé sur des satellites géostationnaires et permettant l'émission et la réception de données à partir d'un terminal de petite dimension. Les premiers VSAT sont apparus aux États-Unis au début des années 80 et ont été développés par la compagnie Schlumberger en collaboration avec Hughes Aerospace. Ils peuvent être aisément déplacés, rapidement installés et disposent de petites antennes de l'ordre d'un mètre de diamètre, contre environ 30 mètres pour les grosses stations fixes. Ils peuvent être agrandis pour un surcoût minime. Ils sont parfaitement adaptés aux applications professionnelles nécessitant une infrastructure d'interconnexion disponible et évolutive. Ils sont très avantageux pour toute activité nécessitant des télécommunications de longue distance. De plus, il n'y a pas de problèmes d'interconnexion avec d'autres réseaux. Le système VSAT est asymétrique.

Cette nouvelle génération des stations terrestres à très petite ouverture d'antenne comporte des compensateurs de délai et des convertisseurs de protocoles, appelés assembleurs/désassembleurs de paquets, qui assurent l'établissement de la liaison à l'échelle locale et modifient les protocoles pour répondre aux exigences du satellite. Ce qui résout un peu le problème de délai observé au niveau des satellites géostationnaires.

Un réseau VSAT a une topologie en étoile ou point à multipoint. Un réseau de type VSAT est constitué d'un hub central (ou station terrestre principale), de stations VSAT distantes et d'un segment spatial sur le transpondeur satellite.

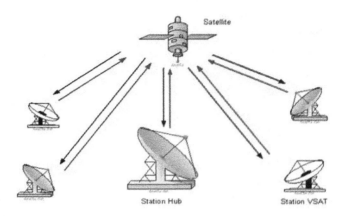

FIG. 2.1 – Réseau VSAT

Le VSAT représente la solution idéale pour l'accès Internet dans des zones géographiques non desservies par le haut débit.

Les principaux avantages d'un Réseau VSAT sont :

o Un débit symétrique ou asymétrique n'importe où : Débit en émission jusqu'à 2 Mbps, Débit en réception jusqu'à 45 Mbps

o Support du Standard DVB-RCS

o Disponibilité du lien satellite   99.5%

o Une antenne de petit diamètre : 90cm-2,4m

o Solution compétitive en terme de coût

o Gestion dynamique de la bande passante

o Intégration flexible de plusieurs applications : Voix, données, vidéoconférence

o Simple et rapide à installer (Un déploiement facile : quelques heures)

o Une administration centralisée de la chaîne de communication de bout en bout.

o Moins d'équipements : l'essentiel étant concentré au Hub

o Une modularité et des slots pour accueillir :

• Cartes réseaux : X.25, FR, ATM, Ethernet

• Cartes Multimédia : Vidéoconférence, Vidéo streaming, etc.

• Cartes de communication : lignes analogiques, lignes numériques, ports séries, etc.

Il faut aussi noter que la solution VSAT est devenue aujourd'hui une alternative importante dans le secteur des télécoms, et ceci grâce à un développement rapide de cette technologie et une réduction assez importante des prix.

Le grand avantage des VSAT réside dans leur souplesse. Ils permettent d'établir des réseaux de différentes architectures et de toute taille entre une station centrale (Hub) et des sites éloignés, ce qui est particulièrement intéressant pour les réseaux d'entreprise ou encore pour les communications entre des centres de formation, des administrations ou des établissements médicaux.

2.2 Mode de Fonctionnement

Un satellite de télécommunication peut être vu comme une sorte de relais hertzien. Son rôle principal est de régénérer le signal reçu de la terre ou d'autres satellites et de le retransmettre amplifié en fréquence à la station réceptrice. Le satellite permet aussi la diffusion des signaux captés depuis la terre vers plusieurs stations. De la même manière, il peut recueillir des informations provenant de plusieurs stations et les retransmettre vers une station particulière. Il est aussi possible de mettre en liaison des satellites, ceci permet de faire des relais hertziens avec une faible utilisation des stations terrestres.

L'avantage principal des solutions satellites est la faible dépendance des stations terrestres par rapport aux infrastructures terrestres existantes à travers le monde, ainsi les stations terrestres peuvent être mobiles.

La puissance d'émission des VSAT étant faible, deux stations VSAT ne peuvent pas dialoguer directement entre elles. Il est donc nécessaire d'utiliser une station de relais appelée HUB. La station HUB est dotée d'une parabole de grande dimension à fort gain. Elle a deux rôles principaux. Tout d'abord elle s'occupe d'amplifier et de relayer les signaux émis par les stations VSAT. Ensuite elle gère toutes les méthodes d'accès au support de communication afin d'éviter d'éventuelles collisions entre les signaux.

Le Hub se caractérise alors par une grande antenne : au moins 5m de diamètre et des baies d'équipements de gestion du Hub, de la bande passante, etc. Il est généralement détenu par un grand opérateur télécoms par exemple Intelsat, Panamsat, Eutelsat, Hughes Networks, New Skies, etc.

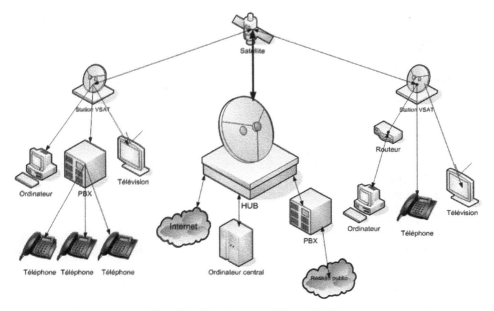

FIG. 2.2 – Topologie d'un Réseau VSAT

L'équipement VSAT est composé de deux éléments :

- L'ODU (OutDoor Unit) qui est une antenne parabolique équipée d'un récepteur et d'un émetteur de fréquence radio. En fonction du débit souhaité les antennes ont un diamètre de 90 cm à 3 mètres.
- L'IDU (InDoor Unit) est reliée à l'ODU par un simple câble (distance maximale d'éloignement : environ 60 m). Le rôle de l'IDU est de transformer le signal reçu à partir de l'antenne parabolique afin qu'il soit exploitable par un ordinateur. De même le terminal numérique va « traduire » le signal en provenance de l'ordinateur pour qu'il puisse être relayé par l'antenne parabolique jusqu'au satellite.

Les caractéristiques les plus importantes d'un réseau VSAT sont :

2.2.1   Les méthodes d'accès

- l'Accès par réservation ou DAMA (Demand Assignment Multiple Access) avec demande et attente d'autorisation d'émission,
- l'Accès aléatoire ou ALOHA avec émission anarchique et gestion des collisions,

9

- l'Accès multiple à répartition dans le temps TDMA (Time Division Multiple Access) ou de fréquence FDMA (Frequency Division Multiple Access) avec multiplexage temporel ou fréquentiel des stations,
- l'Accès multiple à répartition par code ou CDMA (Code Division Modulation Access) avec émission simultanée à la même fréquence et identification des stations grâce à des codes.

2.2.2 La qualité de la liaison

La qualité de la liaison est évaluée à partir du taux d'erreur binaire BER (Bite Error Rate). La transmission est fiable si le BER avoisine 10^{-7}.

2.2.3 Les techniques de modulation

Les techniques de modulation utilisées sont :
- La modulation de fréquence ou FM (Frequency Modulation),
- la modulation de phase ou PM (Phase Modulation),
- et la modulation par déplacement de phase à quatre états ou QPSK (Quadrature Phase Shift Keying).

2.2.4 Les protocoles utilisés

Les protocoles utilisés sont : le protocole de la couche liaison HDLC (High-level Data Link Control), les protocoles LAP-B (Link Access Protocol-Balanced), LAP-D, améliorations pour le RNIS du HDLC et LAP-F adapté au Frame Relay.

La fiabilité des transmissions VSAT est assurée grâce à des éléments tels les identificateurs de circuits virtuels DLCI (Data Link Control Identifier), une gestion locale des adresses DLCI, la redondance ou retransmission en cas d'erreur ou d'échec, la mise en œuvre d'une fenêtre d'anticipation permettant de définir la taille et le nombre de paquets traités à la fois, les délais et les vitesses de transfert et enfin la mise en œuvre de la correction anticipée d'erreurs FEC (Forward Error Correction).

2.3 Internet par Satellite

Cela fait quelques années que sont apparues les premières offres de type commerciale concernant l'Internet par satellite. Actuellement, une liaison satellite permet un débit théorique de quelques Gbps. Divers essais effectués en mode "TCP/IP only" ont permis d'atteindre des débits binaires de l'ordre du 1/2 Gbps, relativement inférieurs aux capacités théoriquement possibles par les transmissions satellites.

2.3.1   Utilisation d'ATM (Asynchronous Transfer Mode)

Il semble actuellement un peu dépassé d'utiliser TCP/IP seul sur une transmission transitant par l'espace. Ainsi, TCP/IP a été encapsulé dans ATM et envoyé sous la norme PDH. Cette norme est généralement utilisée pour faire transiter des informations de sources diverses, au travers de systèmes hétérogènes, par exemple lors de liaisons intercontinentales. Elle possède la particularité d'être complètement indépendante des protocoles utilisés. Elle va permettre de multiplexer à l'entrée et démultiplexer à l'arrivée des données de nature totalement différente. De ce fait, les problèmes de latence, rencontrés lors d'une liaison "TCP/IP only" sont ainsi en partie évités.

Application	
TCP	**UDP**
IP	
AAL	
ATM	
Network Access Control	
Data Link Control	
Physique	

FIG. 2.3 – Schéma OSI d'une connexion satellite

2.3.2   Connexion au réseau Internet

Il y a deux possibilités de connexions à Internet par satellite :

• **Méthode de connexion Internet unidirectionnelle**

Cette méthode est actuellement la plus utilisée. En effet, les satellites avaient été avant tout élaborés afin de faire de la diffusion (distributions à de multiples utilisateurs) et non pas des connexions point à point. De ce fait, la solution unidirectionnelle a pu être proposée rapidement à des coûts abordables, car elle ne modifiait pas beaucoup le concept de base de l'émission satellite. Dans ce type de liaison, l'utilisateur doit posséder un raccordement traditionnel vers Internet (modem, TA, DSL). Les requêtes seront acheminées par cette voie en direction du fournisseur d'accès, afin qu'il l'exécute et envoie la réponse via satellite. A ce niveau là, rien de nouveau et aucun avantage par rapport aux méthodes traditionnelles si ce n'est un taux de téléchargement sensiblement plus élevé.

- **Méthode de connexion Internet bidirectionnelle**

Dans cette méthode, toutes les transactions passent par le satellite. Il n'y a donc plus de dépendance avec les liaisons traditionnelles. L'intérêt réside dans le fait que la connexion devient accessible depuis n'importe quel endroit couvert par le satellite concerné. Les usagers éloignés et ne disposant pas de possibilité de connexion à l'Internet à haut débit classique peuvent ainsi avoir une connexion pratiquement aussi performante que celle proposée par le DSL, le télé-réseau ou encore les lignes électriques. Il faut noter qu'une connexion passant par un satellite est généralement une connexion asymétrique, dont le flux descendant est supérieur au flux montant.

2.4   Architectures

Les différentes architectures de réseaux utilisées par la technologie satellite, sont des architectures réseaux déjà utilisées par les télécommunications existantes sur Terre. Ces dernières sont :

- Architecture en étoile.
- Architecture maillée.
- Architecture mixte.

2.4.1   Architecture en étoile

La topologie en étoile utilise un point central appelé HUB comme décrit à la figure Fig. 2.2.

2.4.2   Architecture maillée

Dans une topologie en maille, chaque station terrestre distante est directement connectée via le satellite aux autres stations distantes. Il n'existe pas dans ce cas de point central. L'administration et la gestion du réseau sont distribuées ou réparties entre les différentes stations terrestres. (Fig. 2.4).

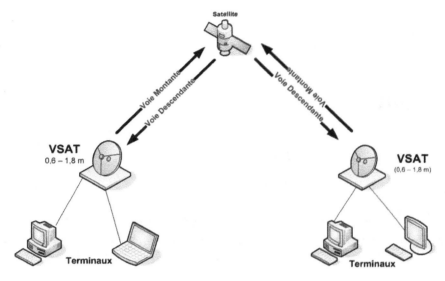

FIG. 2.4 – Topologie maillée

2.4.3   Architecture mixte

Cette architecture est une combinaison des deux précédentes.

Chapitre 3

Etude de faisabilité

Dans cette partie de notre travail, nous allons définir les besoins de l'institut en terme d'applications et de bande passante. Pour ce faire, nous ferons une brève présentation de l'institut, définirons ses exigences en vue de pouvoir calculer à la fin les besoins en terme de bande passante. Nous finirons par une proposition d'architecture pour le réseau de l'institut.

Actuellement, l'Institut aimerait connecter son nouveau site qui est situé à Dangbo, zone où les infrastructures de télécommunications sont quasi-inexistants. Dans le but d'avoir cette connectivité au monde extérieur, l'IMSP a décidé de faire les études sur la faisabilité d'une connexion internet par satellite. Ceci permettra de faire de la recherche et aussi de pouvoir surtout faire des cours à distance.

1 Etude pratique

1.1 Présentation de L'IMSP

L'Institut de Mathématiques et de Sciences Physiques (IMSP) est un centre d'excellence dans le domaine de la formation et de la recherche scientifique en mathématiques et en sciences physiques en Afrique sub-saharienne francophone. C'est un Institut à vocation régionale, intégré à l'Université d'Abomey-Calavi, né de la volonté commune du Président du Bénin et du feu Professeur Abdus Salam, prix Nobel de physique, ancien Directeur de l'International Centre for Theoretical Physics (ICTP) de Trieste en Italie, qui se propose d'aider à :

- ○ La promotion de la Recherche Scientifique en Afrique notamment sub-saharienne,
- ○ La formation de jeunes scientifiques par la recherche et l'enseignement en vue d'un doctorat en Mathématiques et en Physiques,
- ○ La formation d'ingénieurs en Informatique dans diverses spécialités,

14

○ La motivation des jeunes élèves des lycées et collèges pour les études scientifiques.

○ Le recyclage des professeurs de l'enseignement secondaire.

Par une formation doctorale de haut niveau, dont les orientations et les programmes sont définis par un conseil scientifique international, l'Institut de Mathématiques et de Sciences Physiques, comme centre de référence en Afrique, veut favoriser le maintien sur le continent d'enseignants et de chercheurs en sciences fondamentales. Cette option se justifie pleinement par le fait que la formation en sciences fondamentales reste la base de toutes les études scientifiques et techniques. L'Institut de Mathématiques et de Sciences Physiques a été élevé au rang de Centre d'Excellence par l'Union Mathématique Africaine (UMA) en 1993. Le financement de l'IMSP à sa création, a été essentiellement celui donné par le centre de physique théorique de Trieste.

La formation des Ingénieurs en informatique a débuté depuis Janvier 2004. Elle a pour but de former des ingénieurs qualifiés, en vue de faire face à la demande du marché.

Nous déterminerons dans la section suivante les exigences de l'IMSP, en faisant le point des applications qui sont actuellement utilisées et ceux qui s'ajouteront dans le futur.

1.2 Déterminer les exigences

L'Institut de Mathématiques et de Sciences Physiques (IMSP) a un effectif d'environ 50 personnes (Etudiants + Personnel) et dispose d'une vingtaine de machines connectées à l'Internet y compris les ordinateurs portables appartenant aux étudiants et professeurs. Sur ces 20 machines, environ 7.5 sont en utilisation 100% du temps.

Actuellement sur le site, l'IMSP dispose d'une connexion ADSL qui a comme débit à la descente 512 Kbps et à la montée 256 Kbps et qui permet aux usagers de l'institut d'utiliser les machines pour la navigation, le mail, la conférence audio et vidéo avec MS Messenger, Yahoo Messenger et Skype. Lorsque ce débit fourni par notre fournisseur est effectif, nous arrivons à satisfaire tous ces besoins, mais en temps de forte charge, le débit réel est largement inférieur au débit que le fournisseur devrait nous fournir et ainsi les applications qui demandent plus de bande passante ne peuvent plus fonctionner correctement.

Sur le nouveau site, l'effectif pourra être triplé donc 150 et nous pouvons avoir 60 machines connectées. Si la moitié est en utilisation quasiment tout le temps, nous pouvons dire que nous aurons environ une trentaine de machines.

A ce niveau donc l'hypothèse à retenir est 60 machines connectées à l'Internet dont 30 sont utilisées tout le temps.

Les évolutions futures prévoient donc de la voix et de la vidéo sur IP en vue de pouvoir faire des cours à distance, ce qui à coup sûr nécessitera beaucoup plus de bande passante. Nous aurons aussi la Téléphonie IP, la mise en place de différents serveurs à savoir : serveur de mails, serveur web, serveur de nom de domaine, etc. Tous ces besoins qui s'ajoutent à ceux qui existent, permettront aux usagers de partager les ressources internes, d'accéder à toutes sortes de ressources disponibles sur Internet et de permettre aux étudiants et aux professeurs de communiquer et de collaborer par messagerie instantanée, ou en utilisant la voix sur IP. Ces évolutions permettront aussi le partage de ressources humaines et matérielles avec d'autres universités ou institutions au moyen de la vidéo conférence. Ceci permettra aussi aux étudiants d'accéder où qu'ils soient aux ressources pédagogiques que nous mettrons en place.

1.3 Définir les spécifications fonctionnelles

Parmi les besoins énumérés nous aurons à échanger les données, la voix et la vidéo. Les applications qui seront présentées sont essentiellement l'email, la navigation, la voix sur IP et la vidéo conférence.

Nous avons mentionné déjà dans la section précédente que les ressources de notre réseau sont utilisées la plupart du temps, ainsi nous avons besoin d'une disponibilité conséquente, le temps de panne du système doit être vraiment court et nous devons aussi avoir une idée du temps maximum qu'une défaillance peut durer. Il faudrait aussi définir des groupes d'utilisateurs et leur attribuer des droits. Nous pouvons dans notre cas souscrire à une bande passante dédiée ou partagée, ceci en fonction des moyens et des prévisions. Notre zone géographique nous amènera à chercher des offres qui existent en bande C, Ku et Ka et qui couvrent l'Afrique de l'Ouest. Le choix aussi pourra être influencé par les avantages et les inconvénients qu'offre chaque solution.

Remarquons que parmi les applications qui seront mises en place dans notre réseau, la vidéo et la voix utiliseront plus de bande passante que les autres, ceci nous amènera aussi à prévoir un débit symétrique comme l'exigent les applications du genre.

1.4 Calcul de la bande passante nécessaire

Les débits que nous allons suggérer proviennent des débits proposés dans les documents que nous avons mis en référence.

Pour le courrier électronique, nous n'avons pas besoin de débits montant (Uplink) et descendant (Downlink) minima. Le courrier n'est pas beaucoup exigeant, puisqu'il est asynchrone, donc quelque soit le débit, nous pouvons toujours consulter nos mails. Nous pouvons quand même prévoir 4 Kbps en Downlink (DL) et 2 Kbps en Uplink (UL). Ceci sera suffisant puisque, le destinataire du mail ne l'attend pas en temps réel. Ainsi pour nos trente (30) machines nous aurons besoin de 120 Kbps en DL et de 60 Kbps en UL. Et comme tout le monde n'envoie pas son mail à la fois ou ne consulte pas son mail au même moment, ces débits devraient suffire.

Pour la navigation, l'utilisateur a besoin d'un peu plus de rapidité pour l'ouverture d'une page web. Ainsi, nous pouvons prévoir un débit de 8 Kbps en DL, ce qui fait 240 Kbps pour les 30 machines et un débit de 2 Kbps en UL, ce qui donne 60 Kbps pour les 30 machines. Le débit en DL est plus important parce que les pages peuvent contenir beaucoup d'images par exemple, qui consomment plus de bande passante. Etant donné que les pages web ne nécessitent pas une connexion permanente, et que tous les utilisateurs ne font pas les mêmes actions au même moment, ce débit pourra nous suffire.

Pour la conférence audio et vidéo avec les logiciels de messagerie (MS Messenger, skype, etc), il nous faudra environ un débit symétrique en UL comme en DL de 128 Kbps, que tous les utilisateurs pourront partager. Ce débit suffira, car tous les utilisateurs n'utilisent pas la bande passante au même moment.

Pour la vidéo et la voix sur IP en vue de faire des cours à distance, il nous faudra une bande passante assez large afin d'assurer une qualité de service. Etant donné que le Professeur n'est pas obligé de voir les étudiants mais ceux-ci peuvent par contre lui poser des questions, le débit de 128 Kbps en UL prévu précédemment est largement suffisant, surtout que tous les étudiants ne parlent pas au même moment. Pour les flux provenant du Professeur, c'est-à-dire la voix et la vidéo, il nous faudra compléter le débit en DL de 128 Kbps prévu précédemment et le faire passer à 256 Kbps. La voix et la vidéo vont partager les mêmes canaux. A ce niveau nous proposons donc un débit de 256 Kbps en UL et un débit de 256 Kbps en DL, ceci permettra d'assurer une bonne qualité de service. Ce débit permettra aussi de faire de la Téléphonie IP.

Nous allons mettre en place au départ trois serveurs à savoir : un serveur de mail, un serveur FTP et un serveur web.

Pour la mise en place des différents serveurs, nous pouvons allouer une bande passante d'environ 30 Kbps en UL pour le serveur de mail et faire de même avec le serveur FTP. Pour le serveur Web, qui va servir de serveur de cours également nous pouvons prévoir un débit de 128 Kbps en UL, en vue de faire face aux périodes où le serveur sera beaucoup sollicité. Pour les trois serveurs à mettre en place nous avons donc un débit en UL total de 188 Kbps. Ceci sera aussi suffisant puisque tous les utilisateurs ne sollicitent pas les serveurs au même moment.

En se basant sur tous les débits que nous avons proposés ci-dessus nous faisons le point suivant dans le Tableau 3.1.

TAB. 3.1 – Récapitulatif des débits théoriques proposés par application

Applications	Utilisateurs)	DL/user (Kbps)	UL/user (Kbps)	DL	UL	Observations
Navigation	30	8	2	240	60	La navigation utilisera plus de bande passante car d'autres pages peuvent contenir des images assez lourdes. Cette estimation sera suffisante puisque les utilisateurs ne font pas la demande simultanément et en plus la navigation est flexible.
Courrier électronique	30	4	2	120	60	Le courrier électronique n'est pas beaucoup exigeant, puisqu'il est asynchrone.
Serveur FTP	-	-	-	-	30	Ces débits seront suffisants puisque les serveurs ne sont pas
Serveur de mail	-	-	-	-	30	sollicités au même moment. Aussi pour le serveur web qui peut être très sollicité à des moments
Serveur web	-	-	-	-	128	donnés nous avons prévu un débit conséquent.
						Suite à la page suivante ...

Applications	Utilisateurs)	DL/user (Kbps)	UL/user (Kbps)	DL	UL	Observations
						...suite du tableau de la page précédente
Conférence audio (messenger, skype, etc), VoIP	-	-	-	128	128	Pour la conférence audio ou la VoIP, le débit de 128 Kbps est largement suffisant, mais il faudra l'augmenter si nous voulons faire de la vidéo.
Vidéo conférence	-	-	-	128	128	Nous complétons le débit de 128 Kbps prévu précédemment à 256 Kbps, ce qui fait que nous aurons un débit de 256 en DL et 256 en UL pour pouvoir faire de la vidéoconférence sans problème.
Total				616	564	Nous pouvons prendre alors un débit symétrique de 640 / 640 Kbps.

Nous présentons au niveau du Tableau 3.2 les débits réels utilisés par quelques applications qui sont couramment utilisées dans notre réseau. Les mesures ont été faites avec le logiciel Dumeter, qui permet de savoir en temps réel le débit qu'utilise une application.

TAB. 3.2 – Résultats des débits moyens réels utilisés par les applications obtenus avec Dumeter

Applications	DL (Kbps)	UL (Kbps)
Skype (texte)	1.6	3.2
Skype (audio)	59.2	56.8
Yahoo messenger (audio)	25.6	27.2
Yahoo messenger (texte)	0.8	2.4
Yahoo messenger (vidéo)	8.8	40
Msn messenger (audio)	24	28
Msn messenger (texte)	0.8	1.6
Msn messenger (vidéo)	4	72
Navigation	64	8.8
Courrier électronique	32	8

NB : Ces résultats sont obtenus au moment où nous étions seuls dans la salle machine, ce serait normal s'ils s'avéraient un peu trop élevés.

Nous présenterons maintenant dans le Tableau 3.3 une comparaison des débits moyens réels avec les débits théoriques proposés au niveau du Tableau 3.1.

TAB. 3.3 – Comparaison des débits théoriques proposés avec les débits réels

Applications	DL (Kbps)	UL (Kbps)	Conclusion
Courrier électronique	Débit théorique = 4 Kbps Débit réel = 32 Kbps Ce débit s'explique par le fait que le courrier électronique est asynchrone, ce qui le rend flexible. Il utilise le débit disponible pour le chargement de la page. Lorsque le débit sera faible	Débit théorique = 2 Kbps Débit réel = 8 Kbps Le débit est important ici toujours à cause de la flexibilité du courrier électronique. Lorsque le débit chutera, la consultation du courrier s'y pliera.	Nous remarquons aisément ici que le caractère asynchrone du courrier électronique fait qu'il s'adapte au débit disponible lorsqu'il sollicite la connexion pour l'ouverture d'une page. Même lorsque les débits réels seront inférieurs aux débits

Suite à la page suivante . . .

			...suite du tableau de la page précédente
Applications	DL (Kbps)	UL (Kbps)	Conclusion
	aussi, le courrier pourra toujours être consulté mais la page s'affichera plus lentement. Lorsque toutes les machines seront aussi occupées l'ouverture du courrier se fera suivant le débit disponible.		théoriques le courrier pourra toujours être consulté.
Navigation	Débit théorique = 8 Kbps Débit réel = 68 Kbps Nous aurons ici un raisonnement analogue au cas du courrier électronique. La navigation est aussi asynchrone et s'adapte facilement au débit disponible à l'instant où nous sollicitons une connexion.	Débit théorique = 2 Kbps Débit réel = 8.8 Kbps La navigation étant flexible, nous n'aurons pas de problème lorsque ce débit sera faible.	Le caractère asynchrone de la consultation des pages web fait que les débits en UL comme en DL peuvent s'ajuster en fonction de la charge du réseau. La navigation n'a pas une exigence particulière.
Conférence audio (skype, yahoo messenger, Msn messenger)	Débit théorique = 128 Kbps Débit réel = 59.2 + 25.6 + 24 = 108.8 Kbps Nous remarquons ici que le débit réel est toujours inférieur au débit théorique. Ici la flexibilité est moindre car il faut un minimum pour ces applications.	Débit théorique = 128 Kbps Débit réel = 56.8 + 27.2 + 28 = 112 Kbps Le débit réel est toujours inférieur au débit théorique prévu. Ces applications nécessitent plus de bande passante et ont un seuil en dessous duquel le débit ne doit pas descendre.	Nous remarquons ici que la conférence audio nécessite effectivement plus de bande passante et a besoin d'un débit minimal aussi. Le débit symétrique qui a été proposé en UL et en DL de 128 Kbps est donc conséquent.
			Suite à la page suivante ...

			...suite du tableau de la page précédente
Applications	DL (Kbps)	UL (Kbps)	Conclusion
Conférence vidéo (yahoo messenger, Msn messenger)	Débit théorique = 128 Kbps Débit réel = 8.8 + 4 = 12.8 Kbps Dans ce cas, le débit réel est faible parce que l'envoi de l'image se faisait dans un seul sens, nous ne recevons pas d'image de l'autre correspondant. Sinon en principe, nous devons avoir un débit qui tourne autour des 112 Kbps obtenus en UL.	Débit théorique = 128 Kbps Débit réel = 40 + 72 = 112 Kbps Ici le débit réel est presque analogue au débit théorique, ce qui confirme le fait que nous avons besoin de plus de bande passante pour cette application.	Ici la conclusion est presque la même. La seule différence qu'il y a c'est au niveau du débit en DL et nous avons déjà expliqué que cela est dû au fait que nous ne recevons pas l'image de notre correspondant. Les débits que nous avons donc proposés répondent bien aux exigences de la conférence vidéo pour avoir une image de qualité.
CONCLUSION GENERALE	Nous remarquons que les débits théoriques proposés que ce soit en DL comme en UL ne s'éloignent pas trop des débits réels obtenus avec le logiciel Dumeter, en ce qui concerne les applications les plus utilisées actuellement sur notre réseau.		

Au regard de tout ceci, nous pouvons proposer un débit symétrique de 640Kbps/640Kbps, avec un taux de contention de 1 : 5, puisque nous souhaitons héberger des serveurs, il faudra aussi prévoir 40 adresses IP publiques. Ceci nous permettra d'avoir plus de marge de manœuvre si nous souhaitons ajouter d'autres serveurs.

Nous constatons que le débit symétrique de 640 Kbps proposé est bien en accord avec la formule de la Bandwidth Task Force[1], qui s'écrit :

$$\frac{10Mb/day \, * \, 8bits \, * \, 10\,people \, * \, number\;of\;networked\;computers}{Seconds\;in\;10\;hours} = number\;of\;Mbps$$

Avec cette formule, pour nos 30 machines, nous aurons à prévoir une bande passante de 0.66 Mbps = 660 Kbps. Cette bande passante est alors en conformité avec tous les calculs que nous avons eu à faire, puisque nous avons proposé une bande passante de 640 Kbps.

Pour résumer, nous souhaitons avoir un fournisseur qui nous garantit un débit symétrique de 640 / 640 Kbps qui pourra évoluer avec un facteur de 2, un taux de contention de 1 : 5 et 40 adresses

---

[1] http://www.foundation-partnership.org/pubs/bandwidth/index.php?sub=appendix1

IP publiques. Il faut aussi que le temps de latence n'excède pas 500 ms de bout en bout, puisque nous avons des applications comme la vidéo qui ne supporte pas les délais de propagation trop importantes, mais l'emploi de nouveaux protocoles ou de compensateurs de temps de propagation, permet de trouver une solution à ce problème de retard.

1.5 Développement des spécifications techniques

Après la définition de nos besoins et le calcul de la bande passante nécessaire à l'institut, nous allons définir les caractéristiques du segment spatial, la taille de notre antenne et enfin l'architecture du réseau.

Il pourra être associé à notre segment spatial un satellite fournissant une couverture dans l'une des bandes de fréquence C, Ku ou Ka. Notre antenne doit être assez large pour nous permettre d'augmenter facilement notre bande passante. La taille de notre antenne doit varier entre 1.2 m et 2.4 m.

Sur notre réseau, nous proposons un PABX qui nous permettra de gérer les appels internes et les appels externes en utilisant la téléphonie IP. Nous aurons aussi un routeur auquel seront reliées les machines de notre LAN. Le PABX sera aussi relié au routeur qui lui permettra d'accéder à l'extérieur et aux machines de notre LAN. Le PABX pourra gérer nos téléphones analogiques traditionnels, les téléphones IP et des softphones installés sur des ordinateurs. Nous allons mettre les machines serveurs de notre réseau dans une zone démilitarisée afin de les rendre accessibles depuis l'extérieur, et comme cela aussi de les isoler des autres machines du réseau afin d'éviter les attaques. Certains ordinateurs de notre réseau seront destinés à la vidéoconférence. La Figure Fig. 3.1 montre l'architecture finale que nous proposons.

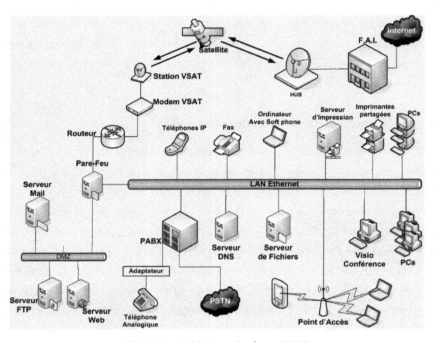

FIG. 3.1 – Architecture du réseau VSAT

2   Etude technique

Dans le cadre de ce projet une enquête a été menée dans plusieurs entreprises utilisatrices d'un système VSAT. Un questionnaire (Annexe B) a été réalisé afin de mener à bien cette enquête.

L'objectif de cette enquête est de déterminer l'utilisation qui est actuellement faite par ces entreprises de leur système VSAT, de recenser les difficultés auxquelles elles sont soumises, de connaître les procédures d'acquisition du matériel, les bandes de fréquences disponibles et accessibles au Bénin.

Nous avons contacté plusieurs entreprises dont notamment : Kerr McGerr, BCEAO, Bénin Télécoms SA et la Station Terrienne d'Abomey-Calavi. Seules les deux premières ont donné des résultats satisfaisants. Quant à la dernière, une sortie y a été effectuée, afin de visiter leur matériel et constater la présence d'un HUB. Ce hub a été installé dans le cas d'un projet de Téléphonie Rurale par VSAT. Notons qu'un plan d'étude de terrain (Annexe J) a été réalisé afin d'aller sur les sites abritant ces stations VSAT. Elle aurait pu permettre aussi de voir comment nous aurions pu utiliser le matériel inexploité se trouvant sur ces sites. Mais compte tenu du fait que Benin Télécoms est en pleine restructuration, le plan n'a pas pu être appliqué.

2.1   Analyse des données recueillies auprès de deux sociétés utilisatrices de VSAT (KerrMcGerr, BCEAO)

A la lumière des données recueillies dans les entreprises nous faisons l'analyse suivante. Les deux entreprises visitées utilisent en général le VSAT pour faire :

- La communication Téléphonique (Voice Mail).
- La transmission de données en temps réel (Data Transmission).
- L'Accès aux bases de données distantes.
- La vidéoconférence (Technique de réunion à distance utilisant un réseau de télévision pour mettre en relation les participants).
- La visioconférence (Technique de réunion à distance utilisant des équipements terminaux permettant de transmettre en même temps le son et l'image vidéo d'un correspondant et ceci dans les deux sens).
- La Téléconférence (Technique de réunion à distance utilisant un réseau de téléphonique pour mettre en relation les participants).
- La messagerie électronique.
- L'Internet.
- La Sécurisation de Données.

L'utilisation du VSAT leur permet de travailler en réseau privé et de sécuriser leurs données. Ainsi, on empêche grâce aux codes d'encryptions tout intrus d'entrer dans le système afin d'écouter la communication, de lire les mails ou de voler les données lors des transferts. En effet, pour éviter tout risque de piratage, même si le risque est beaucoup plus faible qu'en matière de télévision, car l'interactivité n'est pas permanente (pour intercepter une transmission, il faut en effet connaître le moment précis où elle a lieu), les liaisons peuvent être sécurisées avec un cryptage identique à celui de la télévision numérique, ou mieux encore avec des cryptages spécifiques.

L'utilisation du VSAT a donc permis aussi de faire assez d'économie, ceci grâce à la téléconférence, à la vidéoconférence et à la visioconférence qui évitent dès lors de voyager avant d'avoir des informations ou avant de recevoir des formations. De plus le VSAT permet des prises de décisions en temps réels et de pouvoir travailler sur des bases de données distantes.

En général la Bande C est recommandée aux pays qui sont en dessous des tropiques comme le Bénin et la majorité des pays de l'Afrique.

La BCEAO utilise actuellement deux antennes. Ce réseau VSAT est structuré autour de trois composantes :

- La composante PES/ISBN qui fournit des liaisons partagées entre toutes les agences ;
- La composante TRES qui fournit des liaisons point à point entre le siège et chaque agence principale ;
- La composante DMV qui fournit une liaison " haut débit " partagée vers tous les sites ;

Cependant, la BCEAO veut aujourd'hui faire une refonte du réseau. Cette refonte utilisera une seule antenne et a pour objectif de renforcer la disponibilité globale du réseau et d'accroître les capacités des services disponibles. Ainsi, il s'agira de séparer et de spécifier les fonctions de transmission et de transport de données, d'utiliser IP comme protocole de base des trois services données (applications interne, intranet, messagerie, Internet), voix (avec des passerelles voix sur IP) et vidéoconférence (avec des codecs supportant le protocole H.323 de vidéoconférence sur IP).

Le satellite utilisé par les deux structures est géré par INTELSAT.

2.2   Etude comparative des bandes Ku, C et Ka

Les ondes radioélectriques se définissent par leurs fréquences.

Pour éviter les brouillards, il faut attribuer une bande de fréquence à chaque service radioélectrique.

Une bande de fréquence définit une plage de fréquences qui ont des propriétés similaires :

- en propagation
- en pénétration des matériaux

ou des utilisations particulières :

- Radiodiffusion
- Télédiffusion
- Téléphonie mobile
- communications militaires ou de la police
- communications des radioamateurs
- réseaux sans fil Wi-Fi

Chaque plage ainsi définie représente un spectre de fréquences, par analogie avec le spectre de la lumière visible.

Il existe plusieurs bandes pour la communication par VSAT telles que la bande C, Ku et la bande Ka.

2.2.1 Bande C

La bande C est la partie du spectre électromagnétique définie par les fréquences de 3,4 à 4,2 Ghz. Elle est attribuée au service de Radiodiffusion par Satellite (Broadcasting) particulièrement utilisée sur les zones tropicales et faiblement sur les autres zones.

Son principal défaut est que nous avons besoin d'une très grande antenne pour capter l'onde. Mais la bande C est moins sensible à la pluie que la bande Ku.

- **Avantages**

Elle est moins sensible à la pluie.

Elle est fiable et est donc utilisée pour les transmissions intercontinentales.

- **Inconvénients**

La bande C exige l'utilisation de grandes antennes.

Les systèmes de bande C partagent les mêmes bandes de fréquence que celles assignées à quelques systèmes terrestres de micro-onde.

Elle est trop sollicitée donc saturée de nos jours.

2.2.2 Bande Ku

La Bande Ku est la partie du spectre électromagnétique définie par les fréquences de 10.7 à 12.75 Ghz. Elle est attribuée au service de Radiodiffusion (Broadcasting) par satellite (services TV, Radios et données informatiques). Cette bande est la plus répandue en Europe, du fait de la petite taille des paraboles nécessaires à sa réception. Elle se subdivise en sous-bandes, Télécom, DBS et autres appellations. On parle plus généralement aujourd'hui de bande basse (10,70 à 11,70 GHz) et de bande haute (11,70 à 12,75 GHz).

- **Avantages**

Cette bande de fréquence a une utilisation récente. Ce qui lui donne l'avantage d'être peu encombrée.

L'autre avantage est qu'il ne nécessite pas de grandes antennes avant de capter l'onde.

- **Inconvénients**

Lorsqu'on emploie la fréquence de la bande Ku, qui est plus élevée, il arrive que des pluies très abondantes réduisent temporairement l'intensité du signal.

2.2.3 Bande Ka

C'est une gamme de fréquences utilisée pour la transmission de données. Elle est attribuée aux systèmes de télécommunication par satellite, aux environs de 30 GHz pour la liaison montante et de 20 GHz pour la liaison descendante.

• **Avantages**

L'antenne de la bande Ka est plus petite que celle de la bande Ku.

La bande Ka offre plus de places disponibles que les autres bandes.

• **Inconvénients**

La bande passante de la Bande Ka est plus chère que celle de la bande C ou Ku.

La Bande Ka ne couvre pas encore l'Afrique.

Le tableau Tab. 3.4 présente un résumé comparatif de quelques caractéristiques de ces trois bandes de fréquence.

TAB. 3.4 – Tableau Comparatif des bandes de fréquences C, Ku et Ka

Bandes	Liaison descendante	Liaison montante	Bande Passante	Avantages	Inconvénients
C	4.0 GHz	6.0 GHz	500 MHz	- Peu affectée par la pluie - Fiabilité	- Interférence terrestre - Encombrée
Ku	11 GHz	14 GHz	500 MHz	- Disponible - Petite antenne	- Absorption par la pluie
Ka	20 GHz	30 GHz	3500 MHz	- Large bande passante - Petite antenne	- Absorption par la pluie - Coût des équipements

Ainsi, pour ce qui est des bandes de fréquences, la bande C est plus chère que la bande Ku. Mais il existe plus d'offres en bande C en Afrique. De plus, la bande C est plus recommandée pour les pays situés en dessous des tropiques car elle est moins perturbée par la pluie.

Mais aujourd'hui heureusement, les puissants orages ou les fortes pluies sont très localisés et, en utilisant plusieurs stations terrestres plutôt qu'une seule, il est possible d'éviter les effets des perturbations pour la bande Ku. De même pour compenser ce phénomène, on peut doter les stations terrestres situées dans les régions de précipitations importantes d'une puissance d'émission et de réception accrue.

Des offres devraient se développer en bande Ka qui offre beaucoup de places disponibles à un prix intéressant.

2.3   Etude comparative de quelques fournisseurs présents en Afrique dans les bandes Ku et C

Dans le cadre de notre étude, nous avons contacté un certain nombre de fournisseurs de connexion par satellite en vue d'avoir les prix qu'ils proposent. Pour ce faire, nous leur avons envoyé une lettre d'appel d'offre dans laquelle nous avons décrit nos exigences. Entre autres nous avons souhaité que le fournisseur soit présent en Afrique de l'Ouest bien entendu dans les bandes C, Ku ou Ka, qu'il soit en mesure de nous offrir un débit symétrique de 640 Kbps pouvant évoluer à 1,2 Mbps avec un taux de contention minimale de 1 : 5 et 40 adresses IP publiques. L'offre détaillée se situe au niveau des Annexes C et D.

Sur la dizaine de fournisseurs contactés (voir Tableau Tab. 3.5), seulement 5 nous ont répondu. Nous allons présenter ici les offres reçues de chaque fournisseur. Il faut remarquer que toutes les offres ne sont pas intéressantes par rapport aux caractéristiques minimales souhaitées dans notre appel d'offre. Certaines offres répondent parfaitement à nos souhaits surtout en terme de bande passante et du matériel à fournir.

Le Tableau Tab. 3.6 résume donc les offres reçues des fournisseurs qui ont bien voulu répondre clairement à notre demande. Il s'agit de Gilat, Afrique Télécom et GT & T.

TAB. 3.5 – Tableau des fournisseurs contactés

Société	Adresse	Contacts	Observations
Q-KON	Q-Kon Building, 8 Pieter Street Highveld/Tecnhopark, Centurion Pretoria, Afrique du Sud Box 7043, Centurion, 0046 Tel : +27 12 665 0052 Fax : +27 21 665 0059 enquieries@qkon.com http ://www.qkon.com	enquieries@qkon.com	Aucune offre reçue
			Suite à la page suivante . . .

			...suite du tableau de la page précédente
Société	Adresse	Contacts	Observations
Telesat	Canada info@telesat.ca http ://www.telesat.ca	info@telesat.ca	Aucune offre reçue
New Skies	Rooseveltplantsoen 4 2517 KR The Hague The Netherlands Tél : +31 70 306 4100 Fax : +31 70 306 4101 imea@ses-newskies.com http ://www.newskies.com	imea@ses-newskies.com skyline@ses-newskies.com info@ses-global.com	Aucune offre reçue
Intersputnik	2nd Smolensky per., 1/4 121099, Moscow, Russia Tél : +7 (495) 244-03-33 Fax : +7 (495) 253-99-06 dir@intersputnik.com http ://www.intersputnik.com/	dir@intersputnik.com sales.marketing@intersput nik.com	Aucune offre reçue
IPMC Ghana	sales@ipmcghana.com http ://www.ipmcghana.com	sales@ipmcghana.com	Aucune offre reçue
Atrexx	Bonner Strasse 10 D-53424 Remagen Germany Tel. : +49 2228 9120-0 Fax : +49 2228 9120-29 info@atrexx.com http ://www.atrexx.com	info@atrexx.com	Offre reçue mais non détaillée
BusinessCom Internet via	Tél : +38 056 788 3544 general@bcsatellite.net http ://www.bcsatellite.net/	Nik Korchewski Tél : +38 067 582 7303 Nik.korchewski@bcsatellite.net	Offre reçue mais non détaillée
			Suite à la page suivante ...

		...suite du tableau de la page précédente	
Société	Adresse	Contacts	Observations
Satellite			
GT & T	Parc Scientifique Einstein, 10 rue Lenoir, B-1348 Louvain-La-Neuve, Belgique Tel : +32 10485600 Fax : +32 10485620 sales@globaltt.com http ://www.globaltt.com	sales@globaltt.com	Offre reçue
Gilat Satcom	Tél : +972 3 9255072 +972 3 9255024 Fax : +972 3 9186660 sales@gilat.net http ://www.gilat.net/	- Shani Zwiebel-Nisimov shaniz@gilat.net - Jacques Molho jacquesm@gilat.net - Arielle Ben Ami arielle@gilat.net	Offre reçue
Afrique Télécom	7 rue Plaine des Isles 89000 AUXERRE Tel : +33 (0) 3 86942640 Fax : +33 (0) 3 86942649 contact@afrique-telecom.com http ://www.afrique-telecom.com	Directeur Général Philippe TINTIGNAC direction@afrique-telecom.com Tel : +33 (0) 3 86942642 +33 (0) 6 03126943	Offre reçue

TAB. 3.6 – Tableau Comparatif offres

Fournisseurs	Débit DL/UL (Kbps)	Débit garanti (Kbps)	Disponibilité	Bande	Taux de contention	Matériels fournis	Coût d'acquisition	Frêt	Abonnement mensuel	Installation et mise en service	Frais d'activation
GT & T	2048 / 128	Best Effort	-	Ku	1 : 5	- Antenne offset double optique de 1.2m - 2 x 50 m de câble coaxial - 5 connecteurs F - ODU 1Watt (Ku) - LNB - IDU (Modem router) - Manuels d'utilisation et d'installation (CD français et anglais)	2950 €	580 €	1800 €	-	-

Suite à la page suivante …

...suite du tableau de la page précédente

Fournisseurs	Débit DL/UL (Kbps)	Débit garanti (Kbps)	Disponibilité	Bande	Taux de contention	Matériels fournis	Coût d'acquisition	Frêt	Abonnement mensuel	Installation et mise en service	Frais d'activation
Gilat Satcom	640 / 640	320	-	C	1 : 2	- Antenne 2.4m - BUC 8W - Radyne DMD20LBST, 5MB, 8PSK, - LNB - Vbox - Cisco 1721 Router	$15568	$3500	$4080	-	$950
Afrique Télécom	640 / 640	320	99.2%	Ku	1 : 2	- Antenne 1.2m - Modem i-4000 - Ampli 3W + tête Emission / Réception	3190 €	800 €	5250 €	2000 €	-
Afrique Télécom	640 / 640	128	99.2%	Ku	1 : 5	- Antenne 1.2m - Modem i-4000 - Ampli 3W + tête Emission / Réception	3190 €	800 €	2100 €	2000 €	-

2.3.1   Analyse de l'offre de Global Telephone and Telecommunications (GT & T)

Spécialisée en télécommunication par satellite, GT & T est une société située à Louvain-La-Neuve, dans le parc scientifique Einstein, à 20 Km au sud de Bruxelles.

Son ambition et sa spécialité sont de résoudre des problèmes de télécommunications dans des pays ou des régions où celles-ci ne sont pas fiables, sont inexistantes ou trop onéreuses.

La société GT & T nous propose l'offre SKYONE IP (Annexes G et H) en bande Ku avec un taux de contention 1 : 5. Une station SKYONE IP est composée de :

- antenne offset double optique de 1,2 m - " type approved "

- 2 x 50 m de câble coaxial

- 4 x connecteurs F + 1 x connecteur F supplémentaire

- O.D.U. 1 Watt (Ku) et L.N.B.

- I.D.U. (modem router) SKYONE IP

- Manuels d'utilisation et d'installation (CD français et anglais)

Le matériel nous coutera 2950 € , le frêt 580 € et la charge mensuelle sera de 1800 € pour une bande passante partagée de 2048 Kbps en DL et 128 Kbps en UL. Le débit garanti sera suivant le principe du meilleur effort sans minimum. L'installation et la mise en service seront à notre charge et il faut prévoir 1000 € pour cela. Cette offre ne correspond pas à ce que nous avons demandé. Mais néanmoins, elle offre un débit intéressant en descendante de 2 Mbps sans aucune garantie sur le débit minimal. Lorsque nous appliquons le taux de contention de 1 : 5 à ce débit, nous avons toujours un bon débit mais non garantie. Ce qui fait que nous ne pouvons pas mettre nos applications qui demandent un débit minimal important et être sûr que tout fonctionnera bien. Par contre, nous pouvons faire la navigation, le courrier électronique, et dans une certaine mesure la téléphonie IP. Au contraire pour la liaison montante, nous serons trop limité à cause du débit non garanti de 128 Kbps proposé en uplink. Ce débit est très insuffisant, car si nous y appliquons le taux de contention de 1 : 5, on se retrouve autour de 26 Kbps en UL lorsque le réseau est chargé, et ce débit n'est même pas garanti.

Cette offre est loin de satisfaire nos exigences, car nous voulons avoir au minimum un débit symétrique de 640 Kbps / 640 Kbps avec un taux de contention de 1 : 5 ou meilleur.

TAB. 3.7 – Bilan financier de l'offre SkyOne de GT & T

Bilan récapitulatif (coût total)	
Première année	
Coût Matériel :	2950 €
Coût Livraison :	580 €
Frais d'activation :	Inclus
Coût Abonnement :	1800 € * 12 = 21600 €
Coût total première année :	25130 €
Coût total deuxième année (et suivantes) :	1800 € * 12 = 21600 €

2.3.2 Analyse de l'offre de Gilat Satcom

Gilat Satcom est le leader du marché de la connexion à Internet par satellite et compte actuellement des clients dans plus de 25 pays Africains et fournit les accès dans la bande C.

ses clients sont aussi bien des opérateurs de télécommunications, que des ISPs ou de grandes sociétés auxquels ils fournissent de la bande passante pour des connexions directes au "Backbone" Internet Américain ou Européen.

La société Gilat Satcom nous propose en bande C, une offre pour le débit 640/640 Kbps avec un taux de contention de 1 : 2 (Annexe I). Elle propose comme matériel :

– Antenne de 2.4 m

– BUC 8W

– Radyne DMD20LBST 5MB, 8PSK, Turbo

– LNB

– Vbox

– Routeur Cisco 1721

Ce matériel nous coûtera $15568, le frêt $3500 et la charge mensuelle sera de $4080. Gilat nous propose aussi d'avoir 32 adresses IP pour $40 ou 64 adresses IP pour $80. Les frais d'activation s'élève à $950. L'installation et la mise en service seront à notre charge et il faut prévoir 1000€ pour cela.

Cette offre faite par Gilat répond bien à notre demande puisque nous avons demandé ce débit mais avec un taux de contention de 1 : 5, ce qui allait nous revenir un peu moins cher si Gilat pouvait nous l'offrir. Mais elle n'offre que des bandes dédiées ou des bandes partagées par au plus deux personnes. L'antenne fait 2.4 m parce que nous sommes en bande C.

Avec ce débit nous pouvons satisfaire tous les besoins de l'Institut à savoir : l'Internet, la vidéoconférence, la téléphonie IP, etc.

TAB. 3.8 – Bilan financier de l'offre de Gilat Satcom

Bilan récapitulatif (coût total)	
Première année	
Coût Matériel :	$15568
Coût Livraison :	$3500
Frais d'activation :	$950
Coût Abonnement :	$4080 * 12 = $48960
Coût total première année :	$68978
Coût total deuxième année (et suivantes) :	$4080 * 12 = $48960

2.3.3 Analyse de l'offre de Afrique Télécom

La société Afrique Télécom est une société qui fournit la connexion internet haut débit par satellite dans la bande Ku. Elle est présente dans plusieurs pays en Afrique.

Nous avons reçu de Afrique Télécom deux offres, une pour le taux de contention de 1 : 2 (Annexe E) et l'autre pour le taux de contention de 1 : 5 (Annexe F). Ces deux offres en bande Ku pour le débit symétrique de 640/640 Kbps présentent les mêmes caractéristiques, en dehors du taux de contention et de la charge mensuelle qui diffèrent. Afrique Télécom propose un équipement satellite bi-directionnel composé de :

– Antenne 1.2 m

– Ampli 3W + Tête Emission / Réception

– Modem Emission / réception i-4000

Le matériel nous coûtera 3190 €, le frêt 800 €. La charge mensuelle s'élève à 5250€ pour l'offre dont le taux de contention est de 1 : 2 et de 2100 € pour le second. L'installation et la mise en service nous coûteront 2000 €, si cela devrait être fait par Afrique Télécom, mais comme nous devons le faire nous même ou par quelqu'un d'autre sur place il faut alors prévoir 1000 €. Ici, nous n'avons pas de frais d'activation à payer. Afrique Télécom nous garantit la disponibilité du système à 99.2% par an. Le débit minimal garanti pour la première offre est de 320Kbps/320Kbps et pour la seconde il est de 128Kbps/128Kbps.

La deuxième offre reçue de Afrique Télécom, concernant le taux de contention de 1 : 5 est bien adaptée aux souhaits de l'Institut puisqu'elle respecte l'appel d'offre que nous avons adressé aux fournisseurs. Elle pourra nous permettre de mettre en place toutes les applications et services définis dans nos besoins.

La première offre dont le taux de contention est de 1 : 2 est encore meilleure en terme de bande passante car elle nous offre deux fois et demi plus de bande passante minimale garantie. Cette offre nous permettra d'être à l'abri d'une explosion imprévue de nos besoins.

Ces deux offres nous permettront de faire de la Vidéoconférence, de la VoIP, de mettre en place nos serveurs web, de mail, etc et de faire bien d'autres choses.

TAB. 3.9 – Bilan financier de l'offre 1 de Afrique télécom

Bilan récapitulatif (coût total) de l'offre 1	
Première année	
Coût Matériel :	3190 €
Coût Livraison :	800 €
Frais d'activation :	Inclus
Installation et mise en service :	1000 €
Coût Abonnement :	5250 € * 12 = 63000 €
Coût total première année :	67990 €
Coût total deuxième année (et suivantes) :	5250 € * 12 = 63000 €

TAB. 3.10 – Bilan financier de l'offre 2 de Afrique télécom

Bilan récapitulatif (coût total) de l'offre 2	
Première année	
Coût Matériel :	3190 €
Coût Livraison :	800 €
Frais d'activation :	Inclus
Installation et mise en service :	1000 €
Coût Abonnement :	2100 € * 12 = 25200 €
Coût total première année :	30190 €
Coût total deuxième année (et suivantes) :	2100 € * 12 = 25200 €

Parmi ces offres, nous allons retenir l'offre de Gilat et les deux offres de Afrique Télécom puisque ce sont celles qui répondent le mieux à nos exigences. Le Tableau Tab. 3.11 résume ce que nous coûtera ces trois offres la première année et les années suivantes.

Comparons l'offre de Gilat en bande C avec un taux de contention de 1 : 2 pour un débit de 640/640, avec l'offre de Afrique Télécom en bande Ku avec les mêmes caractéristiques.

Avec Gilat, nous avons une antenne de 2.4 m qui s'explique par la bande de fréquence, contre une antenne beaucoup plus petite pour l'offre de Afrique Télécom de 1.2 m. Gilat propose en plus des matériels de base proposés par Afrique Télécom, un routeur CISCO avec d'autres matériels, et c'est ce qui explique le coût du matériel. Ce coût fait quatre fois le prix que Afrique Télécom propose. Le coût du frêt aussi s'explique aussi par le nombre de matériels que Gilat veut nous livrer. En ce qui concerne les redevances mensuelles, le montant proposé par Afrique Télécom est nettement supérieur à celui proposé par Gilat bien qu'il soit en bande Ku. Pour les frais d'installation, nous pouvons ne pas en tenir compte dans la comparaison des offres puisque nous ferons le travail nous-mêmes. Gilat ajoute également des frais d'activation qui sont absents au niveau de Afrique Télécom. Lorsque nous voyons un peu le point annuel fait dans le Tableau Tab. 3.11 sur le coût de ces offres, nous remarquons aisément que l'offre de Gilat est la meilleure puisque malgré l'équipement qui est cher, le coût annuel de cette offre la première année est encore inférieur à l'offre de Afrique Télécom. Et pour les années suivantes, cela revient encore beaucoup moins cher.

Tab. 3.11 – Tableau du coût annuel des offres retenues

Fournisseurs	Première année		Années suivantes
	Matériels et redevances annuelles	Installation	
Gilat	$68978	1000 €	$48960
Afrique Télécom (Offre 1)	66990 €	1000 €	63000 €
Afrique Télécom (Offre 2)	29190 €	1000 €	25200 €

Pour démarrer le projet nous pouvons retenir la deuxième offre de Afrique Télécom. Ce choix a été surtout guidé par le coût, puisque toutes les offres retenues ont presque les mêmes caractéristiques. Pour nous permettre de migrer facilement, après vers l'offre de Gilat ou un autre fournisseur sans changer tout le système mis en place nous allons demander à Afrique Télécom de nous livrer une antenne de 2.4m. Ainsi, nous n'aurons qu'à reorienter l'antenne, changer tête de l'antenne et le routeur en cas de changement de fournisseur.

Nous rappelons les caractéristiques de l'offre ci-dessous :

– Offre en bande Ku

– Antenne 1.2 m

– Ampli 3W + Tête Emission / Réception

– Modem Emission / réception i-4000

- Coût du matériel : 3190 €
- Coût de la redevance mensuelle : 2100 €
- Coût du frêt : 800 €
- Débit symétrique de 640/640 Kbps avec comme débit minimal garanti 128 Kbps
- Taux de contention de 1 : 5

2.4   Aspects règlementaires et juridiques

Dans le contexte général de réglémentation des VSAT, deux aspects sont à considérer :

- Attribution des bandes de fréquences spécifiques aux différents services (afin d'éviter les interférences nocives entre 2 systèmes de communication).
- Définition des objectifs de qualité et des normes (compatibilité entre les systèmes).

Au niveau mondial, la réglementation est faite par l'Union Internationale des Télécommunications (UIT).

Depuis 1994, l' ITU a été réorganisée en trois secteurs :

- Secteur des Radiocommunications (ITU-R) : aspects techniques et réglementations assurés par l'IFRB et le CCIR.
- Secteur de standardisation des télécommunications (ITU-T) : ex-CCITT.
- Secteur développement (ITU-D) : forum + structure de conseil pour un développement harmonieux des télécoms dans le monde.

Pour les systèmes satellites, l'attribution des fréquences se décide à trois niveaux :

Au niveau mondial, l'ITU attribue des bandes de fréquence à des services. Le monde est divisé en trois régions :

- Région 1 : Europe, Afrique, Moyen Orient, pays de l'ex-URSS.
- Région 2 : les Amériques.
- Région 3 : Asie, ex-URSS, Océanie.

Au niveau Africain, L'Union Africaines des Télécommunications (UAT) se charge de l'harmonisation des fréquences.

Au niveau national, au Bénin, il n'existe pas d'organe de régulation des télécommunications. Néanmoins, la Direction de la Politique des Postes et Télécommunications du Ministère Délégué chargé de la Communication et des nouvelles Technologies coordonne l'usage des fréquences.

Une instance de régulation des fréquences verra bientôt le jour. Elle se chargera de faire une gestion rationnelle du spectre de fréquence. Le seul document que nous avons obtenu est le cahier de charges relatif à l'autorisation d'installation et d'exploitation d'une station VSAT par un tiers (Annexe A).

Ce document part d'une définition des termes d'usage dans le monde des télécommunications en général et propre à la technologie VSAT en particulier.

L'autorisation d'installation et d'exploitation d'une station VSAT est donnée par le Ministre chargé des Télécommunications. Cette station doit être destinée à un usage interne afin d'assurer la transmission de données. La station ne peut être interconnectée ni en permanence ni occasionnellement, de manière directe ou indirecte au réseau téléphonique public commuté du Bénin ni à ceux d'autres pays ni à un réseau privé quelconque. Les services sont établis, échangés exclusivement au sein du groupe fermé d'usagers définis au préalable.

Toute nouvelle station voulant être rattachée à un groupe fermé et qui sera installée au Bénin doit faire l'objet d'une nouvelle autorisation.

L'opérateur doit fournir une description du plan de numérotation, d'acheminement du trafic et la liste du groupe fermé d'usagers de l'ensemble de ces sites VSAT avec lesquels la station VSAT du Bénin peut établir des communications. En somme, le Ministère est responsable de l'enregistrement et de l'approbation des antennes VSAT auprès d'ITSO par le canal de Bénin Télécoms SA signataire pour le Bénin des accords ITSO ; de la délivrance de la licence d'utilisation des fréquences ou bandes de fréquences de la station et de leur enregistrement à l'UIT ; de la délivrance de l'autorisation d'importer les équipements constituant les stations VSAT ; de la coordination de la mise en service avec ITSO et du contrôle périodique du respect strict des clauses du présent accord et du respect des normes d'exploitation de la station par l'opérateur.

L'opérateur doit s'acquitter annuellement des frais administratifs par station et une redevance pour utilisation des fréquences par canal. Les montants ne sont pas encore fixés.

La durée de l'accord est de deux ans renouvelables. En cas de litige, l'accord peut-être résilié.

Chapitre 4

Mise en œuvre du projet

Dans cette partie de notre travail, nous allons définir un plan de budget en tenant compte des offres reçues des fournisseurs contactés et aussi en prenant en compte d'autres facteurs. Il sera question ici de l'aspect sécurité de la mise en place de notre projet, ensuite nous allons proposer un plan d'implémentation, où nous allons revoir l'architecture de notre réseau et enfin voir dans quelle mesure nous pourrons y associer la connexion par faisceaux hertziens.

1 Spécifications

1.1 Définition d'un plan de budget

La définition du plan de budget tiendra compte de l'offre de Afrique Télécom qui a été retenue à la fin. Nous avons déjà calculé les différents coûts de cette offre. Ici nous allons faire un point financier sur cette offre et les autres charges que nous ne devons pas négliger.

Lors de la signature du contrat, les frais suivants doivent être réglés à Afrique Télécom :

- ○ Equipement : 3190 €
- ○ Coût de livraison : 800 €
- ○ Connexion pour 3 mois : 6300 €

Nous aurons aussi des frais supplémentaires comme :

- ○ Installation et mise en service : 1000 €
- ○ Achat du support d'antenne : 200 € environ
- ○ Formation : 1000 €
- ○ Transport de Cotonou sur le site à Dangbo : 100 €
- ○ Douane : prix inconnu
- ○ Coût de la licence et redevance annuelle : prix inconnu

Le budget total pour la première année sera donc compris entre 30000 € et 35000 €

Nous aurons besoin aussi d'assurer la stabilité de l'énergie électrique fournie à nos équipements par la mise en place de régulateurs de tension et d'onduleurs puissants, car c'est le principal obstacle auquel nous pouvons être confrontés dans la mise en œuvre de ce projet. Il faudrait penser à acheter un groupe électrogène destiné à assurer un minimum de service après une coupure sur le réseau public. Nous pouvons aussi prévoir à défaut de groupe électrogène, la mise en place d'un système d'énergie renouvelable comme les panneaux solaires. Ceci est très économique et écologique, puisque nous avons le soleil et cela ne pollue guère l'atmosphère. Il faudra donc prévoir un budget supplémentaire pour pallier aux problèmes de coupures et de délestage.

1.2   Aspects sécurité

La facilité de recevoir des signaux satellites en tout endroit et sur une couverture qui peut être intercontinentale donne une image vulnérable quant à la sécurité des informations transmises. De même, au niveau du réseau local, il est aussi très vulnérable étant donné qu'il est connecté à Internet. Enfin il serait important de sécuriser les informations concernant chaque type d'utilisateur du réseau. Ainsi nous étudierons la sécurité dans deux cas : la sécurité des informations dans le réseau local et la sécurité des informations dans les réseaux satellites.

o La sécurité des informations dans le réseau local

Le plus grand problème au niveau des réseaux est l'aspect sécurité. La négligence de ce facteur est dûe au fait que les responsables considéraient que " nous sommes entre frère et qu'un frère ne peut pas faire du mal à son autre frère ". Mais si cela peut être juste au niveau Local, cela est faux au niveau de la nébuleuse que constitue Internet. Le routeur étant connecté à Internet, toute personne expérimentée peut donc s'introduire dans le LAN de l'institut. Il pourrait aussi avoir accès aux différents serveurs. Afin de pallier à ce problème, un pare-feu sera installé afin d'assurer la confidentialité des informations, l'accès au différents serveurs et le respect d'une politique de sécurité.

o La sécurité des informations dans les réseaux satellites

Les technologies utilisées en liaisons satellites, et en particulier celles d'accès multiple au segment spatial, sont très fermées à toute intrusion. Elles sont souvent le choix privilégié de réseaux militaires car elles peuvent constituer un réseau parfaitement indépendant de tout accès et d'un accès technologique extrêmement difficile.

Les barrières pour un intrus sont extrêmement hautes dans des réseaux satellites utilisant un protocole d'accès multiple TDMA à allocation dynamique de bande passante, à allocation dynamique de l'intervalle de temps de transmission, à porteuse multiples.

Le gain possible à l'obtention d'information par des moyens d'écoute est très faible en comparaison de l'effort exigé et aux risques d'échec en étant découvert.

Le résultat d'une comparaison entre les risques de confidentialité divers montrerait que c'est beaucoup plus facile pour un intrus potentiel d'obtenir les informations autrement. Par exemple en interceptant des données sur les secteurs terrestres ou par les agents utilisateurs, la forteresse étant mieux protégée par ses habitants que par ses murs.

Si, malgré le risque extrêmement bas pour la perte de confidentialité, il y a une nécessité supérieure (réseaux gouvernementaux) d'augmenter la sûreté de l'information et sa sécurité, on peut considérer le chiffrage de données des utilisateurs.

Ainsi nous devrions nous assurer qu'au niveau du modem fournit par l'opérateur, le protocole de base TDMA est bien implémenté.

2   Plan d'implémentation

2.1   Architecture VSAT

Nous reprenons ici l'architecture qui a été déjà proposée lors de la définition des spécifications techniques (Voir la Figure Fig. 3.1).

Cette architecture comprend :

o Une station VSAT avec son modem.

o Un routeur qui assurera le routage des paquets vers le LAN.

Derrière le routeur nous aurons un Serveur Proxy/ antivirus/ firewall auquel seront raccordés le LAN et la DMZ. Ses principales fonctionnalités seront de faire le caching, le filtrage et de l'authentification.

La conception du LAN devrait tenir compte de la séparation des Réseaux étudiants/ enseignants-chercheurs/ administration. Elle sera constituée aussi de :

o Une salle de VisioConférence.

o Plusieurs ordinateurs.

o Des ordinateurs munis de Softphones utilisables à partir du PABX.

o Des téléphones IP qui seront configurés sur le PABX.

o Un PABX auquel sera raccordé l'adaptateur des téléphones analogiques. Ce PABX sera relié au réseau téléphonique public commuté (PSTN).

o De plusieurs imprimantes partagées.

o De plusieurs points d'accès WIFI afin d'assurer une connectivité permanente à tous les utilisateurs ayant un ordinateur portable muni de cartes WIFI sur tout le domaine de l'institut à Dangbo.

o Un serveur de fichiers.

o Un serveur d'impression.

o Un serveur DNS / DHCP.

Le DNS permettra d'établir une correspondance entre une adresse IP et un nom de domaine.

Le DHCP permettra de gérer automatiquement l'attribution des adresses IP.

La zone démilitarisée est constituée pour le moment des serveurs suivants :

– Un serveur Web.

– Un serveur FTP.

– Un serveur de Mail.

Nous pouvons y ajouter d'autres serveurs selon nos besoins.

Au fur et à mesure que le nombre de PC sur le réseau augmentera, il faudrait penser à avoir des serveurs secondaires afin de pourvoir faire des backups réguliers.

2.2   Architecture Faisceaux Hertziens

Compte tenu du fait que le projet de désenclavement de l'Université dessert aussi l'IMSP à Dangbo, nous proposons ici une architecture relative à l'utilisation des Faisceaux Hertziens.

La liaison FH sera raccordée au routeur.

Le débit sur cette liaison sera de 11 Mbits maximum dans chaque sens en half duplex. Donc 11 Mbits est aussi le total des deux sens uplink+downlink.

Cette liaison connectera l'IMSP à l'UAC. De là, on ira sur Internet par la fibre Optique de Bénin Télécoms SA.

Les différents services derrière le routeur demeurent les mêmes que dans le cas de l'architecture par satellite.

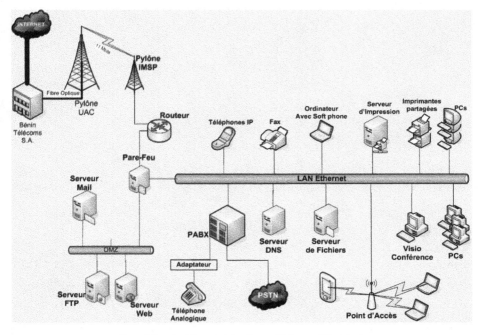

FIG. 4.1 – Architecture du réseau (Faisceau Hertzien)

2.3   Cohabitation des Architectures VSAT et Faisceaux Hertziens

Ici nous proposons une cohabitation des deux architectures.

En adoptant cette architecture, on pourra accroître le débit de l'Institut. Cela permettra aussi d'augmenter la disponibilité et la fiabilité de notre Réseau. En outre contrairement à l'architecture précédente, l'Institut gardera toujours une autonomie vis - à - vis de l'UAC.

Les deux liaisons seront raccordées au routeur.

Les différents services derrière le routeur demeurent aussi les mêmes. Certaines machines de notre réseau utiliseront la connexion par satellite, d'autres la connexion par faisceaux hertziens.

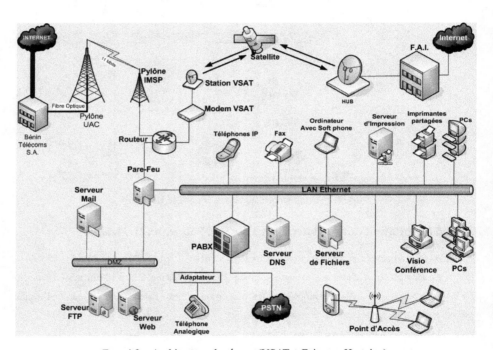

FIG. 4.2 – Architecture du réseau (VSAT + Faisceau Hertzien)

Chapitre 5

Conclusion générale

Notre projet a pour but de faire l'étude de faisabilité pour l'installation sur le site de l'Institut d'un réseau VSAT.

1 Synthèse des résultats

Ce projet nous a permis de passer les différentes étapes nécessaires avant l'adoption d'une solution de connexion par satellite.

Nous avons pu définir les différents besoins de l'Institut qui nous ont permis d'avoir la bande passante qu'il faut prévoir. Les fournisseurs ont été également contactés et nous avons choisi l'un d'entre eux afin d'établir une ligne budgétaire pour l'acquisition et l'installation d'une station VSAT.

Une étude de terrain nous aurait permis de faire plusieurs tests avant l'acquisition et l'installation du VSAT. A cet effet, un plan d'étude de terrain a été réalisé après une sortie sur la Station Terrienne d'Abomey-Calavi. Malheureusement nous n'avons pas pu faire les tests nécessaires. Ils devraient être faits avec Bénin Télécoms SA, ceci par l'intermédiaire de la Station Terrienne, mais cela a été annulé au dernier moment.

Nous n'avons pas pu faire l'acquisition et le déploiement de la solution, car le budget n'est pas encore prêt. Il faut reconnaître la cherté de cette solution mais elle demeure une alternative sérieuse dans cette région où les infrastructures de Télécommunications sont absentes et à cause de son autonomie.

2 Recommandations

A la fin de l'étude nous avons proposé trois architectures à savoir :

1. Architecture VSAT (Fig.3.1)
2. Architecture Faisceau Hertzien (Fig.4.1)
3. Architecture Mixte (VSAT et Faisceau Hertzien) (Fig.4.2)

Compte tenu de l'existence du projet de désenclavement de l'Université d'Abomey-Calavi (UAC), avec la Belgique, l'Institut ne saurait rester en marge de cette inter-connectivité des campus de l'Université. Puisqu'il dispose d'une liaison, nous proposons donc que dans un court terme, l'Architecture 2 (Fig.4.1) soit mise en place afin d'assurer une connectivité permanente du site de Dangbo. Cela permettra aussi à l'Institut de se mettre dans le réseau de l'Université.

L'acquisition d'une station VSAT offrira à l'Institut une autonomie vis-à-vis de l'Université et de Bénin Télécoms SA. Elle permettra aussi à l'Institut d'éviter des problèmes de non connectivité. Nous recommandons donc que l'Architecture 3 (Fig. 4.2) soit mise en place dès que l'Institut disposera du Budget nécessaire. Cette cohabitation des deux architectures permettra à l'Institut d'accroître la disponibilité et la fiabilité du réseau. Ce qui lui permettra en plus d'être un centre d'excellence, de continuer par être un centre de référence au Bénin, dans la sous région et en Afrique.

3 Perspectives

Nous suggérons pour le futur, si cela est possible, que les tests soient faits avant l'acquisition du VSAT. Le nombre de machines pouvant augmenter, de nouveaux besoins pouvant apparaître, on devrait procéder à une réactualisation de tous les calculs qui ont été faits. Enfin il serait très important que les offres soient réactualisées, car la connexion par satellite devient au fil des jours moins chère.

Bibliographie

[1] Regis J. Bates, "Broadband Telecommunications Handbook", éd. McGraw-Hill.

[2] J. Dunlop et D. G. Smith, "Telecommunications Engineering Third Edition".

[3] Roger L. Freeman, "Fundamentals of Telecommunications Second Edition", IEEE Press, John Wiley & Sons, Inc, Publication.

[4] Michael O. Kolawole, "Satellite Communications Engineering", 2002 éd. Marcel Dekker.

[5] Gérard MARAL, "VSAT Networks, Second Edition", 2003 éd. John Wiley & Sons, Ltd.

[6] Ray E. Sheriff and Y. Fun HU, "Mobile Satellite Communication Networks", 2001 éd. John Wiley & Sons, Ltd.

[7] Alex TWINOMUGISHA et Sandra ALUOCH, "The VSAT buyer's guide", 2006.

[8] Andrew Tanenbaum, "Réseaux 4ème Edition", 2003 éd. Pearson Education.

Webographie

[9] http ://www.wndw.net/pdf/wndw-print.pdf

[10] http ://www.telesatellite.com/articles/NetParSat/

[11] http ://www.fing.org/index.php ?num=3476,2

[12] http ://www.piaf.asso.fr/article.php3 ?id_article=84

[13] http ://www.canalsatellite-caraibes.com/internetparsatellite/fonctionnement/ equipement.html

[14] http ://www.africanti.org/resultats/documents/satellites-eb.pdf

[15] http ://www.granddictionnaire.com

[16] http ://www.dumeter.com

[17] http ://www.satoliver.ch/terme.htm

[18] http ://www.fing.org/jsp/fiche_actualite.jsp ?STNAV=&RUBNAV=&CODE=1141399641405
       &LANGUE=0&RH=SERVUS

[19] http ://www.telesatellite.com/internetparsatellite/

[20] http ://didier.quartier-rural.org/implic/ran/sat_wifi/sat_wifi.pdf

[21] http ://www.idrc.ca/fr/ev-10606-201-1-DO_TOPIC.html

[22] http ://www.novastars.com/vsat/

[23] http ://www.itrainonline.org/itrainonline/mmtk/#Français_

[24] http ://i-space.cnes.fr/hautdebit/

[25] http ://www.cnes.fr/html/_172_2871_.php

[26] http ://solutions.journaldunet.com/0412/041206_satellite_cnes.shtml

Glossaire

ADSL   L'ADSL fait partie des technologies xDSL qui permettent d'améliorer les performances
des réseaux d'accès et en particulier de la ligne d'abonné du réseau téléphonique
classique, constituée de fils de cuivre. Grâce à l'utilisation de deux modems,
l'un placé chez l'abonné, l'autre sur la ligne d'abonné, devant le répartiteur principal,
il permet d'améliorer considérablement le débit du réseau et d'obtenir des
transmissions 70 fois plus rapides qu'avec un modem analogique classique.

ALOHA   Protocole permettant d'émettre sur un réseau local sans se préoccuper des autres
utilisateurs et, au besoin, de recommencer l'opération jusqu'à ce qu'un accusé
de réception soit parvenu à l'émetteur.

Antenne   Partie d'un ensemble d'émetteur ou d'une installation de réception radioélectrique,
conçue en vue de rayonner ou de capter les ondes radioélectriques.

BBI   Le système (Broadband Interactive Service) de Satlynx est un exemple de mise en
œuvre de la norme DVB-RCS, mais cette dernière comporte un grand nombre
d'options qui rend l'interopérabilité des terminaux problématique.

DMZ   DeMilitarized Zone : La région d'un réseau qui ne fait pas partie du
réseau interne ni de l'Internet externe. En somme, un réseau
qui se situe entre deux réseaux.

DVB   DVB est un système de diffusion de vidéo en mode numérique.

DVB-RCS   DVB-RCS définit une voie de retour au format MF-TDMA (Multi Frequency Time
Division Multiplexing Access) qui permet de partager la capacité montante.
La norme spécifie que les liaisons montantes et descendantes doivent utiliser
des fréquences différentes mais est indépendant des bandes de fréquences
utilisées (Ku, Ka, L, S...)
La norme permet de transporter le protocole IP mais prend en compte également de
nombreux protocoles de routage (RIP, IGMP) et de transport (RTP, UDP, TCP...).

FEC   Forward Error Correction(Code Correcteur d'Erreur). Technique pour améliorer la
robustesse de la transmission de données. Des bits supplémentaires sont inclus dans le
train de données, de sorte que des algorithmes de correction d'erreurs puissent être

51

	appliqués à la réception.
H.323	Cette norme a été développée par l'Union internationale des télécommunications (UIT) dans le but de répondre aux besoins de la visioconférence qui exige une plus grande interopérabilité entre les équipements utilisés. Cependant, elle sert maintenant de cadre au développement de l'intégration de la voix aux réseaux IP.
HUB	Terme désignant la station maîtresse d'un réseau de télécommunications par satellite qui, par l'intermédiaire de son unité de contrôle du réseau gère l'accès au secteur spatial des stations VSAT dites dépendantes.
Interférence	Une interférence est la superposition de deux ou plusieurs ondes.Il est fréquent, pour les fréquences supérieures à quelques centaines de kilohertz, qu'une antenne de réception reçoive simultanément l'onde directe en provenance de l'émetteur et une (ou plusieurs) onde réfléchie par un obstacle. Les deux signaux vont se superposer et, en fonction de la différence de phase entre eux, voir leurs amplitudes s'additionner ou se soustraire.
LNB ou Tête hyperfréquence	Low Noise Block Amplifier/Converter : pièce qui convertit et amplifie une bande de signaux satellite. Elle change une haute fréquence (habituellement en Ghz) en une fréquence-FI plus basse (habituellement en MHz). Le LNB se monte au point focal de la parabole.
Satellite	Station relais qui assure la communication par faisceaux hertziens entre deux stations terrestres.
Téléconférence	Technique de réunion à distance utilisant un réseau de téléphonique pour mettre en relation les participants.
Transpondeur ou Répéteur	Equipement dans un satellite qui reçoit un seul canal montant provenant d'une station satellite terrestre ; il l'amplifie, convertit la fréquence et change la polarisation ; ensuite il rediffuse le signal vers la terre.
Vidéoconférence	Technique de réunion à distance utilisant un réseau de télévision pour mettre en relation les participants.
Visioconférence	Technique de réunion à distance utilisant des équipements terminaux permettant de transmettre en même temps le son et l'image vidéo d'un correspondant et ceci dans les deux sens.
VSAT	Equipement léger de réception de signaux émis par des satellites. Il est composé d'une antenne parabolique de petite taille ainsi que d'équipements de traitement du signal.
X.25	Protocole de transmission destiné aux réseaux de paquets et recommandé par le CCITT.

Annexe A

Extrait du Cahier de charges pour l'autorisation d'installation et d'exploitation d'une station VSAT au Bénin

CAHIER DE CHARGES RELATIF A L'AUTORISATION D'INSTALLATION ET D'EXPLOITATION D'UNE STATION VSAT PAR XXXXXX

1- Définitions

Dans le présent cahier de charges, il est fait usage de termes qui sont entendus de la manière suivante :

a) « Secteur spatial » désigne un ensemble de satellites de télécommunications ainsi que les installations de poursuite de télémesure, de commande de contrôle, de surveillance et autres installations annexes, et le matériel d'appui des opérations de ces satellites ;

b) «Système de Télécommunications par Satellites » désigne l'unité formée par un secteur spatial et les stations terrestres qui y ont accès ;

c) «Télécommunications» désigne toute transmission, émission ou réception de signes, signaux, textes, images et sons ou informations de toute nature par système à câble, radioélectrique, optique ou autre support électromagnétique ;

d) « Services publics de télécommunications» désigne des services de télécommunications fixes ou mobiles qui peuvent être obtenus et fournis au public au moyen de réseaux terrestres, par satellite ou réseaux sous marins ;

e) « Services de Télécommunications spécialisés» désigne des services de télécommunications autres que ceux définis à l'alinéa d) du présent article, y compris les services de navigation radioélectriques, les services de recherche spatiale, les services météorologiques et la télédétection;

f) « VSAT» est l'abréviation en langue anglaise de Very Small Aperture Terminal ;

g) «Hub» est le terme désignant la station maîtresse d'un réseau de télécommunications par satellite qui, par l'intermédiaire de son unité de contrôle du réseau gère l'accès au secteur spatial des stations VSAT dites dépendantes ;

h) «Groupe fermé d'usagers » désigne une communauté d'usagers autorisés et connus, à l'intérieur de laquelle des services télécommunications peuvent être offerts sans possibilité d'en faire bénéficier sous toute forme à des tiers ;

i) «INTELSAT devenu maintenant ITSO » désigne l'organisation internationale de télécommunications par Satellites propriétaire de segments spatiaux ;

j) «UIT» désigne l'Union Internationale des Télécommunications.

2- Titulaire et objet de l'autorisation

Il s'agit de XXXX, autorisée par le Ministre chargé des télécommunications à installer au Bénin et à exploiter pour son propre compte une station terrienne VSAT privée dont les caractéristiques sont annexées à ce cahier de charge. Cette station est destinée à assurer la transmission de données pour l'usage interne à XXXX.

3- Connexion de la station VSAT

3.1- La station VSAT qui fait l'objet du présent cahier des charges, destinée à être connectée au réseau ITSO où elle fera partie d'un groupe fermé d'usagers de stations VSAT de XXXX implantées dans d'autres pays.

3-2- La station VSAT qui fait l'objet du présent cahier de charge ne peut être interconnectée ni en permanence ni occasionnellement, de manière directe ou indirecte au réseau téléphonique public commuté du Bénin ni à ceux d'autres pays ni à un réseau privé quelconque.

4- Service fournis

La station VSAT est destinée à la transmission de données numériques et voix pour un usage interne à XXXX

Les services sont établis, échangés exclusivement au sein du groupe fermé d'usagers définis aux points 1 et 3-1 ci-dessus. En aucun cas ces services ne doivent :

- traiter d'intérêts privés émanant de tiers ou destinés à des tiers sans aucun rapport avec les activités de XXXX

- émaner ou être transmis d'un/vers un réseau téléphonique public commuté.

5- Gestion du Groupe Fermé d'Usagers

5.1- Toute nouvelle station VSAT qui sera installée au Bénin et destinée à être rattachée au groupe fermé d'usagers de XXXX doit faire l'objet d'une autre autorisation.

5.2- XXXX doit fournir une description du plan de numérotation, d'acheminement du trafic et la liste du groupe fermé d'usagers de l'ensemble de ces sites VSAT avec lesquels la station VSAT du Bénin peut établir des communications.

6- Description technique

La description de la structure du réseau VSAT de XXXX, les bandes de fréquences de fonctionnement et les caractéristiques des antennes de toutes les stations devront êtres conformes aux spécifications et normes IESS d'ITSO.

7- Fournitures, installation et mise en service de la station VSAT de XXXX

7.1- XXXX fournit à ses propres frais, l'ensemble des équipements qui constituent la station VSAT et qui sont nécessaires à son fonctionnement. Pour ce faire, il doit avoir au préalable une autorisation d'importation de ces équipements délivrés par le Ministère.

7.2- XXXX jouit d'une propriété pleine et entière sur les stations VSAT objet du présent accord.

7.3- L'installation et la mise en service seront faites conformément aux spécifications d'ITSO par le fournisseur des stations VSAT au frais de XXXX.

Cependant la Société Bénin Télécoms SA, en sa qualité de signataire pour le Bénin dans l'organisation ITSO apportera son concours dans les limites de ses obligations.

8- Attribution des fréquences

Le Ministère autorisera l'utilisation des fréquences ou bandes de fréquences appropriées au fonctionnement de la station. L'utilisation de ces fréquences ou bandes de fréquences fera l'objet d'une licence délivrée par le Ministère où seront consignées les valeurs des fréquences ou bandes de fréquences. Des contraintes d'exploitation du segment spatial peuvent amener les modifications ou changement des caractéristiques des fréquences ou bandes de fréquences. La licence sera modifiée en conséquence et XXXX se conformera à cette modification.

9- Exploitation et maintenance de la station

9.1- L'exploitation des stations doit se conformer à la réglementation ITSO en vigueur. Elle doit satisfaire aux exigences essentielles qui garantissent l'intérêt général des usagers des réseaux par satellite et particulièrement la protection des autres réseaux publics ou privés contre toute perturbation qui proviendrait de la station.

9.2- XXXX est entièrement responsable de la maintenance de la station.

10- Défense nationale et sécurité

XXXX doit se conformer à tout moment aux dispositions prescrites par les autorités judiciaires, militaires et de police en matière de sécurité et de défense nationale. Le cas échéant, le fonctionnement de la station VSAT du bénin peut être interrompu temporairement ou définitivement sur ordre de l'autorité nationale compétente avec motivation de la décision.

11- Responsabilité du Ministère

Le Ministère, dans le cadre de l'exécution du présent cahier des charges, est responsable :

a) de l'enregistrement et de l'approbation des antennes VSAT auprès d'ITSO par le canal de Bénin Télécoms SA signataire pour le Bénin des accords ITSO;

b) de la délivrance de la licence d'utilisation des fréquences ou bandes de fréquences de la station et de leur enregistrement à l'UIT;

e) de la délivrance de l'autorisation d'importer les équipements constituant les stations VSAT;

d) de la coordination de la mise en service avec ITSO;

e) du contrôle périodique du respect strict des clauses du présent accord et du respect des normes d'exploitation de la station par XXXX

12- Responsabilités de XXXX

12.1- Dans le cadre de l'exécution du présent accord, XXXX est responsable :

a) de l'acquisition, de l'installation et de la mise en service à ses propres frais la station VSAT au Bénin;

b) du respect des clauses relatives à l'exploitation et à la maintenance de la station conformément au point 9 ci-dessus, du respect des dispositions en matière de défense nationale et de la sécurité telles que stipulées au point 10 ci-dessus ;

c) de l'exécution des clauses relatives à la gestion du groupe fermé d'usagers ;

d) du respect des clauses de tarification et des modalités du règlement des factures du Ministère découlant de ce cahier des charges.

XXXX s'engage d'une part à respecter scrupuleusement les dispositions du point 4 relatives aux services fournis et d'autre part à autoriser à tout moment aux agents mandatés par le Ministère d'accéder en compagnie d'un agent de XXXX aux locaux et aux sites où sont installées les différentes composantes de la station.

12.2- XXXX accepte en outre :

a) de ne porter aucune modification sur la configuration du réseau, sans l'accord d'ITSO ni sur les spécifications techniques, les conditions de fonctionnement et d'implantation de la station VSAT de Cotonou sans l'accord du Ministère ;

b) de se conformer aux modifications sur la station VSAT et à supporter leurs coûts, en cas de nécessités imposées par le réglementation internationale et nationale ou par les contraintes d'exploitation du segment spatial d'ITSO ou pour éliminer les gênes causées à d'autres réseaux ;

c) de se soumettre à toutes les dispositions réglementaires nationales et internationales en vigueur en matière de télécommunications ;

13- Cession

L'accord est strictement personnel à XXXX. Il ne peut être cédé à un tiers.

14- Frais et redevances d'exploitation des stations VSAT et modalités de paiement (service non commercial)

14.1- Frais et redevances.

Dans le cadre du présent accord, XXXX doit s'acquitter les frais suivants:
- Frais administratifs XX francs CFA HTVA par station et par an ;
- Redevance pour utilisation des fréquences: XX francs CFA HTVA par canal et par an.

Ces frais et redevances sont susceptibles de révisions.

14.2- Modalités de paiement

Le Ministère facturera XXXX en toute taxe comprise, qui effectuera en faveur du Ministère par virement au compte bancaire dont le numéro sera indiqué sur les factures.

15- Contrôle et sanctions

15.1- Le Ministère se réserve le droit d'effectuer à tout moment et par les moyens dont il juge utile, un contrôle sur le respect strict des clauses de ce cahier de charges. XXXX est tenue de faciliter ce contrôle en autorisant l'accès au site et en fournissant au Ministère les informations et documents pertinents.

15.2- Aux fins du contrôle, XXXX accepte que des données de trafics émanant ou destinés à la station VSAT du Bénin soient communiquées régulièrement par ITSO au Ministère.

15.3- En cas non observation par XXXX des clauses de ce cahier, le Ministère peut :
a) Dresser un procès-verbal d'irrégularités et faire suspendre immédiatement le fonctionnement de la station dans le cas de gênes causées à d'autres réseaux et/ou d'une connexion constatée aux réseaux téléphoniques publics commutés ou autres réseaux privés.
b) Envoyer une lettre de mise en demeure à XXXX avec accusé de réception pour toute irrégularité constatée autre que celle de l'alinéa a. Si l'irrégularité persiste trois (3) semaines après la lettre de mise en demeure, le Ministère peut suspendre le fonctionnement de la station.

15.4- En cas de non-paiement d'une facture après la date limite de paiement figurant sur la facture, le Ministère peut, en guise de rappel, envoyer à XXXX une lettre de rappel avec accusé de réception.

15.5- Le Ministère peut faire suspendre le fonctionnement de la station sans préavis trois (3) mois après la date limite de paiement de la facture.

15.6- L'accord sera résilié de plein droit deux (2) mois la date de suspension de fonctionnement de la station.

16- Durée de l'accord

Le présent accord est conclu pour une durée de deux (2) ans renouvelable.

A défaut de dénonciation notifiée par lettre recommandée avec accusé de réception par XXXX au Ministère avant la fin de la période des deux (2) ans, ou à défaut d'une réalisation conformément au point 15.6 ci-dessus, le renouvellement de l'accord fera l'objet d'une concertation entre les parties, deux (2) mois avant la fin de la période des deux (2) ans.

17- Contentieux

Tout différend qui naîtrait de l'interprétation et/ou de l'exécution du présent cahier des charges sera réglé à l'amiable ou à défaut par la juridiction compétente du Bénin.

Cotonou, le ……………………..…………

Annexe B

Questionnaire aux entreprises

QUESTIONNAIRE

1. Quelles utilisations faites-vous du VSAT (Téléphone, Internet, Formation en ligne, etc) ?
2. Quelles solutions l'utilisation du VSAT vous a-t-elle apportée ?
3. Quelle Bande avez-vous achetez (Ku, C)?
4. Quel débit avez-vous achetez ?
5. Avez-vous le débit réel ? sinon quel débit avez-vous souvent.
6. quel est votre taux de contention ?
7. Avez-vous une aide de la part du fournisseur en cas de panne ? Comment résolvez vous vos pannes.
8. Avez-vous une expertise en termes de VSAT ?
9. Quel est le diamètre de votre antenne ?
10. Sur quel satellite êtes-vous ?
11. Quel est l'effet de la pluie sur la qualité de votre connexion?
12. Quel est votre Fournisseur ? Dans quel pays est-il basé?
13. Quels matériels vous a-t-il fournit et quel a été le prix ?
14. Comment avez-vous installé votre matériel (vous-mêmes ou un technicien étranger)?
15. Quel est le coût d'installation et quels frais y sont inclus ? Avez-vous eu a payer des frais supplémentaires pour l'installation ? Lesquels et combien ?
16. Quel a été le temps de livraison du matériel ?
17. Quelles formalités avez-vous eu à accomplir (douanes, autorisation du ministère de la communication ou de Bénin Télécoms SA, toute autre formalité ou autorisation) pour l'installation du VSAT ?
18. Êtes-vous satisfait de l'utilisation du VSAT ? Quel impact a-t-il eu sur votre utilisation d'Internet

Annexe C

Avis d'appel d'offre envoyé aux fournisseurs (Version Française)

INSTITUT DE MATHEMATIQUES ET DE SCIENCES PHYSIQUE

Avis Appel d'offre

DOSSIER D'APPEL D'OFFRES EN VUE DE LA FOURNITURE DE SERVICES DE DONNÉES INTERACTIVES, DE VIDÉOCONFÉRENCE ET DE TÉLÉPHONIE PAR SATELLITE

SPECIFICATIONS TECHNIQUES

1. **INTRODUCTION**

L'Institut de Mathématiques et de Sciences Physique a entrepris une étude de faisabilité pour établir sa plateforme de réseau pour la communication interne et externe.

Cette étude a fait ressortir le plan de connexion de l'institut ainsi que ses besoins.

2. **BUT ET PORTÉE**

L'objectif de ce projet est d'établir une infrastructure privée de communication au sein de l'institut ce qui englobe les conditions suivantes:

- Connectivité avec le monde extérieure pour échanger des données (voix, vidéo, fichiers, etc.)
- Acquérir un VSAT sur le site de Dangbo (BENIN)
- Identification de différentes alternatives techniques, pour la transmission de données en temps réel, la Voix sur IP (VoIP), passerelle vers l'Internet et les services de vidéoconférence.

On s'attend à ce que l'accès Internet à grande vitesse, la voix sur IP et les services de vidéoconférence soient fournis par un réseau IP satellitaire.

3. **POSITIONNEMENT DE DANGBO**

Dangbo est situé au BENIN dans le département de l'Ouémé-Plateau (Afrique de l'Ouest)

PAYS	CAPITALE	ALTITUDE (mètre)	LATITUDE degré	LONGITUDE degré	GMT heure
BENIN	PORTO-NOVO	13	6N	2E	1,00

4. **DONNEES TECHNIQUES**

- Bande C, Ku ou Ka : a déterminer en fonction du climat et des performances
- Débit Symétrique de 640 kbps pouvant évoluer à 1,2 Mbps
- Taux de Contention 1 : 5
- 40 Adresses IP publiques
- Préférences (Standard DVB-RCS)

Protocoles prioritaire supportés : IPv4, FTP, DNS, HTTP, POP3/SMTP, UDP, TCP, Différenciation, H323, SIP, IAX (Inter Astérik eXchange), etc.

5. **MATERIEL :**

- Antenne
- ODU (Out Door Unit)
- IDU (Input Door Unit)
- Modem
- Routeurs Cisco

6. **ASPECT SECURITE**

- Support de VPN logiciel
- Données encryptées

Annexe D

Avis d'appel d'offre envoyé aux fournisseurs (Version Anglaise)

INSTITUT DE MATHEMATIQUE ET DE SCIENCES PHYSIQUE

INVITATION TO TENDER

TENDER DOCUMENTS FOR THE SUPPLY OF INTERACTIVE DATA, VIDEOCONFERENCE AND TELEPHONY SERVICES BY SATELLITTE

TECHNICAL SPECIFICATIONS

1. INTRODUCTION

The Institut de Mathématiques et de Sciences Physiques (IMSP) undertook a feasibility study to establish its network platform for internal and external communication.
This study emphasized the plan of connection of the institute and its needs.

2. Drank and Range

The objective of this project is to establish a private infrastructure of communication within the institute, including the following conditions:

- Connectivity with the external world to exchange data (voice, video, files etc)
- To acquire a VSAT system on the site of Dangbo (BENIN)
- Identification of various technical alternatives, for real time data transmission, Voice over IP (VoIP), gateway towards the Internet and videoconference services

We expect that the high speed Internet access, voice over IP and videoconference services are provided by a satellite network.

3. POSITIONING OF DANGBO

Dangbo is located in the republic of BENIN in the department of the Oueme-Plateau

COUNTRY	CAPITAL	ALTITUDE	LATITUDE	LONGITUDE	GMT
		meter	degree	degree	hour
BENIN	PORTO-NOVO	13	6N	2E	1,00

4. Technical data

- Band C, Ku or Ka : This band has to be determined based on the provider recommendations and according to the climate and performances
- Symmetrical 640 kbps link with possibility to upgrade to 1.2 Mbps
- Contention Rate 1:5
- 40 Public IP addresses
- Preferences (Standard DVB-RCS)

Main supported protocols: IPv4, FTP, DNS, HTTP, POP3/SMTP, UDP, TCP, Differentiation, H323, SIP, IAX (Inter Asterisk eXchange) etc

5. **HARDWARE :**

- Antenna
- ODU (Out Door Unit)
- IDU (Input Door Unit)
- Modem
- Routers Cisco

6. **Security**

- Support of VPN software
- Data Encrypted

Annexe E

Facture de l'offre 1 de Afrique Télécom

Facture de l'offre 1 de Afrique Télécom

FACTURE PROFORMA

7 rue Plaine des Isles
89000 AUXERRE
Tel : +33 (0) 3 86942640
Fax : +33 (0) 3 86942649

contact@afrique-telecom.com

IMSP

PORTO NOVO

BENIN

DATE	RÉFÉRENCES	MODALITÉS DE PAIEMENT	ÉCHEANCE	RÉFÉRENCE DE COMMANDE
15/12/2006	IMSP	Virement à la commande		

REF.	DÉSIGNATION	QUANTITÉ	PRIX UNIT. H.T. €	MONTANT H.T. €
EQSAT	Equipement satellite bi-directionnel composé de :	1.00	3 190.00	3 190.00
	- Antenne 120 cm			
	- Ampli 3W + Tête Emission / Réception			
	- Modem Emission / réception I-4000			
FRET	Frêt aerien rendu aéroport	1	800.00	800.00
PRESAT	Installation et mise en service	1	2 000.00	2 000.00
ABONN	Abonnement mensuel jusqu'à 640 / 640 k mutualisé illimité avec mini garanti de 320 / 320 k	1	5 250.00	5 250.00
	Ces frais s'entendent hors frais de douane et taxes locales			

Domiciliation bancaire						TOTAL HT	11 240,00 €
Banque Kolb - Auxerre	13259	02184	13379300200	10		TVA19.6 %	
Banque	Code étab	Code guichet	N°Compte	Clé RIB		NET A PAYER	11 240.00 €

TVA Acquittée sur les débits – N°TVA: FR314803056 30
Aucun escompte ne sera accordé pour paiement anticipé.
Le transfert de propriété sera effectif après paiement intégral des sommes dues.

IBAN : FR76 1325 9021 8413 3793 0020 010
Identifiant international : KOLBFR21

Afrique Telecom - SA au capital de 46 880 € - Siret : 48030563000018 - 642C

Annexe F

Facture de l'offre 2 de Afrique Télécom

Facture de l'offre 2 de Afrique Télécom

FACTURE PROFORMA

AFRIQUE TELECOM

7 rue Plaine des Isles
89000 AUXERRE
Tél : +33 (0) 3 86942640
Fax : +33 (0) 3 86942649

contact@afrique-telecom.com

IMSP

PORTO NOVO

BENIN

DATE	RÉFÉRENCES	MODALITÉS DE PAIEMENT	ÉCHEANCE	RÉFÉRENCE DE COMMANDE
15/12/2006	IMSP	Virement à la commande		

REF.	DÉSIGNATION	QUANTITÉ	PRIX UNIT. H.T. €	MONTANT H.T. €
EQSAT	Equipement satellite bi-directionnel composé de : - Antenne 120 cm - Ampli 3W + Tête Emission / Réception - Modem Emission / réception I-4000	1.00	3 190.00	3 190.00
FRET	Frêt aérien rendu aéroport	1	800.00	800.00
PRESAT	Installation et mise en service	1	2 000.00	2 000.00
ABONN	Abonnement mensuel jusqu'à 640 / 640 k mutualisé illimité avec mini garanti de 128 / 128 k	1	2 100.00	2 100.00
	Ces frais s'entendent hors frais de douane et taxes locales			

Domiciliation bancaire

Banque Kolb - Auxerre	13259	02184	13379300200	10
Banque	Code étab	Code guichet	N° Compte	Clé RIB

TOTAL HT	8 090.00 €
TVA19.6 %	
NET A PAYER	8 090.00 €

TVA Acquittée sur les débits – N°TVA : FR31480305630
Aucun escompte ne sera accordé pour paiement anticipé.
Le transfert de propriété sera effectif après paiement intégral des sommes dues.

IBAN : FR76 1325 9021 8413 3793 0020 010
Identifiant International : KOLBFR21

Afrique Telecom - SA au capital de 46 880 € – Siret : 48030563000018 – 642C

Annexe G

Réponse reçue du fournisseur GT & T

Réponse reçue du fournisseur GT &T

Cher Monsieur Anato,

Je vous prie de trouver, ci-après, les informations relatives à notre **SkyOne** opérant sur **PAS-1R** en bande **Ku** au Bénin.

Vous découvrirez une courte présentation de notre **SkyOne** avec un résumé des différents abonnements proposés et actuellement disponibles.

Notre offre actuelle se résume comme suit :

- Une station **SkyOne** complète avec une antenne parabolique d'1.2m de diamètre et un transceiver 1 Watt
- **+ 1 Gbyte** (gratuit) inclus en Platinium Quota formule B, valable 90 jours.
- Vitesses : descente $\leq$ **2 Mbps** (best effort) - montée $\leq$ **128 Kbps** (best effort)
- Nombre non limité de PC avec la formule Platinium quota
- Prix total = **2 950 EURO** ex works et hors TVA belge de 21%.

Dès votre premier GB consommé, vous avez soit la possibilité de continuer avec la formule **Platinium Quota** ou de passer vers un **abonnement en accès illimité** comme détaillé dans le résumé joint.

Pour l'installation du **SkyOne**, nous n'avons à l'heure actuelle personne vers qui vous orienter mais vous conseillons de faire appel localement à un ingénieur V-Sat qualifié et ingénieur en IT.

Je vous souhaite bonne réception de la présente et reste à votre disposition pour tout renseignement complémentaire.

Sincères salutations,

Bernadette Dubus
International Account & Logistics Manager

P.S. Einstein
rue Lenoir n°10
B-1348 Louvain-la-Neuve
Belgium
Tel. +32-(0)10-48 56 00
Fax +32-(0)10-48 56 20

E-mail sales@globaltt.com
http://www.globaltt.com

Annexe H

Offre de GT & T

Offre du fournisseur GT &T

**Mr ANATO MIMINWANON
CYRILLE
07 BP 1130
COTONOU
BENIN**

Louvain-la-Neuve, le 18 janvier 2007

FACTURE COMMERCIALE
N°PF061128/ANATO/BDS

Description

1x station SKYONE IP composée de :

- ✓ antenne offset double optique de 1,2 m – « type approved »
- ✓ 2 x 50 m de câble coaxial
- ✓ 4 x connecteurs F + 1 x connecteur F supplémentaire
- ✓ O.D.U. 1 Watt (Ku) et L.N.B.
- ✓ I.D.U. (modem router) SKYONE IP
- ✓ Manuels d'utilisation et d'installation (CD français et anglais)

+ 1 GB gratuit –« Platinium Quota » - accès partagé – quota limité – vitesses maximales : down : ≤ 2 Mbps (best effort) – up : ≤ 128 Kbps (max)

	2 950 €

TOTAL HTVA belge 21 % & ex-works (matériel & services)	2 950 €

+ transport CIF Cotonou aéroport, Bénin (toutes autres charges exclues)	580 €

TOTAL HTVA belge 21 %	3 530 €

CONDITIONS PARTICULIERES DE VENTE

- Prix et paiement en EURO.
- Prix hors TVA belge de 21 %.
- Toutes autres charges exclues (bancaires, douanières ...).
- L'ensemble des frais bancaires de toutes les banques intervenant dans le transfert sont à charge du client. GT&T ne prend aucun frais bancaires à charge.
- Un bon de commande ou la présente facture commerciale dûment signée pour accord doivent nous être retournés par fax au +32-10-48 56 20.
- Paiement global incluant matériel et service : 100 % avant expédition.
- Votre paiement doit nous parvenir dans les 15 jours calendrier après réception de votre bon de commande. Dans le cas contraire, votre réservation pourrait être annulée.
- Garantie de 6 mois à dater de la sortie du matériel de nos bureaux en Belgique pour le IDU et ODU.
- Délai de disponibilité si matériel de stock: +/- 2 à 3 jours ouvrables pour la préparation et configuration du matériel.
- Délai de disponibilité si matériel hors stock: 4 à 6 semaines et ensuite +/- 2 à 3 jours ouvrables pour la préparation et configuration du matériel.
- Pas de L/C, ni de contrôle Véritas, SGS, ... acceptés.
- Matériel et service non remboursable.
- L'abonnement démarrera au plus tard 90 jours à dater de la sortie de votre matériel de nos bureaux (transport, douanes, obtention de licence, mauvais pointage, panne, etc.. ne sont pas sous la responsabilité de GT&T).
- Après réception des fonds pour le renouvellement de l'abonnement, 4 jours calendriers sont nécessaires aux serveurs informatiques pour que le paiement soit enregistré – donc activation du service et effet de paiement le 5ième jour à 00 heure.
- Tout abonnement, ou droit d'accès au réseau, et tout matériel, ne sera jamais remboursé et ce, pour quelque raison que ce soit (panne, arrêt de service, guerre, émeute, mauvais pointage, conditions climatiques, etc...)
- Facture commerciale/offre valable 5 jours.
- Le « Service Level Agreement » (SLA) contenant toutes nos conditions de vente est à votre disposition sur demande écrite.
- Ceci ne constitue qu'une partie de nos conditions de ventes et d'enregistrement.

REFERENCES BANCAIRES

BANQUE FORTIS
BUSINESS CENTRE BRUXELLES SUD-EST
MONTAGNE DU PARC 3
1000 BRUXELLES (Belgique)

Compte: 210-0664500-05
Code IBAN = BE96 2100 6645 0005
SWIFT : GEBABEBB36A

Pour accord,
Nom & signature
(à nous renvoyer par fax au +32-10-48 56 20)

Juillet 06/ Panamsat - 1R VER 2.3 / Export-Fr / Ku-Band	SkyOne(ip) /Résumé Liste de prix Panamsat-1R (45° Ouest Océan Atlantique)			
	Prix exports			
SERVICES				
Accès partagé (ratio : 5/1)		Accès partagé (ratio : 5/1) (disponible bientôt)	Accès partagé (ratio: 5/1)	
Volume mensuel illimité		Quota limité/ trimestriel type (A)	Quota limité/ trimestriel type (B)	
NOM	Vitesse Up/Down Max - Min	Prix par mois (engagement 12 mois)	Vitesse Up/Down Max - min	Pack de Giga Byte à consommer en 90 jours (engagement 90 jours)	Vitesse Up/Down Max - min	Pack de Giga Byte à consommer en 90 jours (engagement 90 jours)
D'autres abonnements seront disponibles bientôt Jusqu'à 4,5 Mbps down				
Platinium (13 PCs)	down: 2 Mbps - 512 Kbps up: 128 Kbps - 32 Kbps	1 880 €/mois		100 Gbytes = 3 500 €		100 Gbytes = 5 000 €
Gold+ (13 PCs)	down: 1 Mbps - 384 Kbps up: 128 Kbps - 32 Kbps	1 620 €/mois	Platinium Quota A	50 Gbytes = 2 000 €	Platinium Quota B	50 Gbytes = 3 000 €
Gold Standard (13 PCs)	down: 1 Mbps - 256 Kbps up: 128 Kbps - 32 Kbps	1 380 €/mois	Down : 512 Kbps -	20 Gbytes = 900 €	Down : 2 Mbps	20 Gbytes = 1 400 €
Silver+ (13 PCs)	down: 1 Mbps - 128 Kbps up: 64 Kbps - 16 Kbps	970 €/mois	Best effort	10 Gbytes = 500 €	Best effort	10 Gbytes = 800 €
Silver Standard (13 PCs)	down: 512 Kbps-64 Kbps up: 64 Kbps-16 Kbps	680 €/mois	Up: 64 Kbps- Best effort	5 Gbytes = 300 €	Up: 128 Kbps Best effort	5 Gbytes = 450 €
Bronze + (5 PCs)	down: 256 Kbps - 32 Kbps up: 32 Kbps max - Best effort	480 €/mois	13 adresses IP privées	2 Gbytes = 140 €	13 adresses IP privées	2 Gbytes = 190 €
Bronze Standard (5 PCs)	down: 256 Kbps - Best effort up: 32 Kbps max - Best effort	280 €/mois		1 Gbyte = 80 €		1 Gbyte = 130 €
Basic-2 (5 PCs)	down: 128 Kbps - Best effort up: 32 Kbps max - Best effort	150 €/ mois	Prix export : 2 950 € pour la station SkyOne incluant 1GB gratuit en Quota B			
Basic-1 (1 PC)	down: 128 Kbps - Best effort up: 32 Kbps max - Best effort	70 €/mois				

Options de services	
Prix par mois payables par trimestre d'avance	
VOIP prépayée GT&T (téléphonie via Internet)	VPN Firewall to Firewall (Gateway to Gateway) = 60 €/mois
- Pour les appels sortants uniquement	- Installation (ou réinstallation) = 1 500 €
- Informations disponibles sur demande	- Contrat et paiement pour trois mois
IP publique (1) GT&T = 30 €/mois	Remote VPN via GT&T = 60 €/mois
	- Installation (ou réinstallation) = 350 €
	- Contrat et paiement pour trois mois
- 4 extra (avec accord de GT&T) = 40 €/mois	Service Interconnexion entre deux SkyOne = 60 €/mois
(les IP publiques remplacent les IP privées)	(nécessaire pour applications FTP, PCAnywhere, Telnet, ping régulier, application serveur-client...)
- Installation et settings = 50 €/installation	- Installation (ou ré-installation) = 150 €/station
- Contrat et paiement pour trois mois	-contrat et paiement pour trois mois

Conditions de ventes particulières (Avril 98- Version 3.5)

> Prix uniquement valables avec le hardware de GT&T, l'antenne de 96 cm ou 1,2 m « type approved », le BUC 1 Watt et le modem SkyOne.
> Les prix sont en EURO, HTVA belge de 21%.
> Paiement des services 100% d'avance.
> Tous les frais bancaires de toutes les banques intervenantes sont à charge du client.
> Les équipements V-Sat sont toujours vendus avec les services.
> Les prix indiqués n'incluent pas le transport.
> Les taxes, les licences locales, l'installation etc... sont à charge du client.
> Les prix mentionnés sont valables pour un engagement ferme de 12 mois continus.
> Des contrats d'engagement trimestriels sont disponibles.
> Lors d'une cassure de contrat : voir nos conditions commerciales.
> Commissioning (inclus dans le prix initial) ou re-commissioning = 300 € hors TVA belge de 21 %.
> Activation (incluse dans le prix initial) ou ré-activation = 200 € hors TVA belge de 21 %.
> Ce service sur PAS-1R en bande-KU est disponible pour certains pays en Afrique et en Europe (voir la liste sur notre site web).
> Garantie de 6 mois sur l'équipement (Feed-horn, OMT, modem, LNB, BUC) (surtension, choc, foudre, eau, humidité, ouverture de l'équipement, nouveau software ou settings installés, poussière, sable ou équivalent, vandalisme, haute température à partir de ≥ 35 °C pour le IDU ou ≥ 55 °C pour le ODU annulent la garantie).
> Pas de L/C ou chèques acceptés.
> Pas de SGS, Veritas ou contrôles similaires acceptés.
> Chaque équipement vendu est fourni avec un 1 GB gratuit en « Quota B ».
> (Le pack de 1 GB ne sera en aucun cas échange ou remboursé).
> Le commissioning est supposé être effectué 90 jours à dater de la sortie du matériel de nos bureaux (voir nos conditions pour plus de détails).
> L'abonnement démarre le jour suivant le commissioning.
> Le remboursement de service ou du matériel ne sera accepté en aucun cas.
> Pour le renouvellement de services, 4 jours calendriers après réception des fonds sont nécessaires aux serveurs informatiques pour enregistrer le paiement et activer le service.
> Le V-Sat est supposé être installé par un professionnel en installation V-Sat.
> Le réseau informatique est supposé être installé par un ingénieur informatique LAN.
> L'installation doit être correctement effectuée, dans un lieu propre, sec et bien aéré; elle doit être protégée contre la surtension et la foudre; l'antenne doit être stable à 0.1°, la prise de terre doit être ≤ 5 Ohm.
> Toutes nos unités sont approuvées CE/FCC et opèrent sur une alimentation AC de 100 Vac jusqu'à 240 Vac.
> Le commissionning ou démarrage automatique du service peut être repoussé d' 1 mois = 150€/mois (max. 3 x 1 mois). Demande doit être faite avant le démarrage automatique du service.
> Les prix sont valables une semaine.
> Tous les services GT&T sont régis par notre SLA, notre contrat (satellite) et nos conditions de ventes.

Annexe I

Extrait de l'offre de Gilat Satcom

Extrait de l'offre de Gilat Satcom

- 2.4m Antenne
- 8W BUC
- Radyne DMD20LBST 5MB, 8PSK, Turbo
- LNB
- Vbox
- Cisco 1721 Router

Le prix Ex-works est: **$15,568 + $3,500 frais d'envoi**

En règle general, nous attribuons 8 IPs, cela dit il est également possible d'attribuer 32 Ips ou 64 Ips.

Le prix pour 32 IPs est: **$40**

Le prix pour 64 Ips est: **$80**

Nous pouvons fournir les services suivants :

1. **VIPSAT bande dédiée** – Taux de Contention 1:1

2. **VIPSAT bande partagée** - Taux de Contention 1:2

Prix mensuel est de $3,400 le Méga (Mbps)

Le prix mensuel pour une bande passante de : 640k/**640k est: $4,080**
Frais d'activation : **$ 950** (somme a versée uniquement lors du premier paiement)

Le prix mensuel pour un bande passante de : 1024k/**1024 est: $6,800**

Frais d'activation : **$ 950** (somme a versée uniquement lors du premier paiement)

Annexe J

Etude de Terrain

Etude de Terrain

But

Cette étude a pour but d'effectuer des tests sur le Système VSAT de Bénin Télécom afin :

- De compléter le projet par un cas pratique permettant aux étudiants d'approfondir les aspects techniques et pratiques de l'utilisation et de l'installation d'un VSAT,
- de vérifier les débits théoriques, les performances d'un système VSAT,
- d'étudier l'impact de variable d'environnement sur les performances d'un système VSAT au Benin.

Plan d'expérience

1. Vérification du débit théorique et des performances de la liaison

Ce test se fera en essayant de faire du FTP. Les performances à mesurer comprennent les délais (un ping par exemple pour le RTT),

2. Types d'application

Les tests seront réalisés sur certaines applications à savoir

    a. Vidéoconférence

    b. Mise en place d'un serveur FTP et Web

    c. Installation des différentes applications actuellement utilisées (skype, messenger, etc)

    d. Téléphonie Quelle application ou matériel comptez- vous utiliser? N'est ce pas la même chose que Skype et Messenger ?

Au cours de ces tests nous aurons à récupérer les différents débits (UL/DL) consommés par ces applications. Ensuite nous essayerons de faire ressortir la qualité de service fournie par cette étude.

3. Impact de la pluie sur le débit

Afin de mesurer l'impact de la pluie sur le débit nous reprendrons les mesures effectuées au 1 et au 2.

4. Impact de la priorité des trafics

Les mesures effectuées au 2 seront reprises avec une priorité de la téléphonie et de la vidéoconférence.

5. Comparaison des débits
   a. Comparaison avec les débits théoriques proposés
   b. Comparaison avec les débits réels fournis par l'ADSL

Lieu des expériences

Les serveurs seront hébergés à l'IMSP. Les clients seront situés si possible l'un au Benin et l'autre ailleurs dans le monde.

Matériels

Afin de réaliser ce plan d'expérience nous aurons besoin d'un certain nombre de matériel à savoir

1. Tout le matériel de Bénin Télécom pour la fourniture du service VSAT (antenne, modem, ODU, IDU, etc..)
2. Le matériel de Bénin Télécom pour la téléphonie
3. DUMETER pour la mesure (à installer)
4. 3 Ordinateurs (un pour le serveur web et ftp et un pour les applications de vidéo et de téléphonie et un ordinateur servant de machine distante au Benin et ailleurs dans le monde)
5. Matériel pour la vidéoconférence (à préciser)

Annexe K

Tableau des bandes fréquences

BANDES	PLAGE DE FREQUENCES
L	1 - 2 GHz
S	2 - 4 GHz
C	4 - 8 GHz
X	8 - 12.5 GHz
Ku	12.5 - 18 GHz
K	18 - 26.5 GHz
Ka	26.5 - 40 GHz

Annexe L

Redevance Mensuelle et Débits de quelques Universités en Afrique

Utilisation de bande passante par quelques universités africaines		
	Utilisation Internet	
Institution	Débits en Kbps (UL/DL)	Charges mensuelles
University of Dar es Salaam	256/512	$9500
Makerere University	1280/2500	$27045
Eduardo Mondlane University	384/1000	$10350
Bayero University	64/128	$1920
Obafemi Awolowo University	128/256	$3840
University of Ibadan	56/128	$2276
University of Jos	64/128	$4000
University of Ghana	512/1024	$10200

Source : http ://www.foundation-partnership.org/

ÉDITIONS
UNIVERSITAIRES
EUROPÉENNES

Une maison d'édition scientifique

vous propose

la publication gratuite

de vos articles, de vos travaux de fin d'études, de vos mémoires de master, de vos thèses ainsi que de vos monographies scientifiques.

Vous êtes l'auteur d'une thèse exigeante sur le plan du contenu comme de la forme et vous êtes intéressé par l'édition rémunérée de vos travaux? Alors envoyez-nous un email avec quelques informations sur vous et vos recherches à: info@editions-ue.com.

Notre service d'édition vous contactera dans les plus brefs délais.

Éditions universitaires européennes est une marque déposée de Südwestdeutscher Verlag für Hochschulschriften GmbH & Co. KG Dudweiler Landstraße 99 66123 Sarrebruck Allemagne

Téléphone : +49 (0) 681 37 20 271-1
Fax : +49 (0) 681 37 20 271-0
Email : info[at]editions-ue.com
www.editions-ue.com

www.ingramcontent.com/pod-product-compliance
Lightning Source LLC
LaVergne TN
LVHW042339060326
832902LV00006B/271